Anonyme

1758

*Recherches et considérations sur les finances de la France*

Lf 76 11
A

# RECHERCHES

### ET

## CONSIDERATIONS

#### SUR

# LES FINANCES

## DE FRANCE.

### *TOME TROISIEME.*

# RECHERCHES

ET

## CONSIDÉRATIONS

SUR

# LES FINANCES

## DE FRANCE,

*Depuis 1595 jufqu'en 1721.*

## TOME TROISIEME.

## A LIEGE.

M. DCC. LVIII.

# RECHERCHES
## ET CONSIDERATIONS
### SUR
# LES FINANCES
## DE FRANCE,
*Depuis 1595 jusqu'en 1721.*

## SUITE DE L'ANNÉE 1669.

E trafic de 1667 chagrinoit extrémement les Hollandois, dont il gênoit abfolument le Commerce ; il y avoit beaucoup de marchandifes & peu de vente chez eux, comme le mandoit M. de Pomponne à M. Colbert. Ils ne laifferent pas de diffimuler leurs pertes, & s'imaginerent que des menaces pourroient faire impreffion. Ils déclarerent que fi l'on ne vouloit modérer le tarif,

*Tome III.* A

ils mettroient sur nos denrées, & particulièremont sur nos vins & eaux-devie, de tels droits que nous resterions sans Commerce. La chaleur de quelques-uns des Magistrats du Conseil, & le préjugé où l'on étoit pour lors en France que nous avions besoin des Hollandois pour faire notre Commerce, effrayèrent M. de Pomponne. Mais M. Colbert écoutoit de sang froid ces déclamations impuissantes, bien convaincu que le Commerce de Hollande ne pouvoit diminuer, sans que celui de France s'accrût.

L'importance de la matiere exige que j'insere ici une partie d'une de ses dépêches à M. de Pomponne : on y verra la façon de penser de ce grand homme, & les motifs qui le soutenoient dans sa résolution. Puissent-ils donner du poids au vœu de toutes les personnes instruites de nos véritables intérêts !

*Extrait des Dépêches à M. de Pomponne,*
*Ambassadeur en Hollande, du 22*
*Mars 1669.*

« Sur le second point, je vous dirai
» en peu de mots que je ne crois pas
» que les impositions que les Etats veu-

„ lent mettre sur les vins de France,
„ nous fassent grand préjudice : voici
„ mes raisons.

„ Les Hollandois viennent tous les
„ ans dans les rivieres de Garonne &
„ Charente, avec trois ou quatre cent
„ vaisseaux, enlevent leurs vins pen-
„ dant les mois d'Octobre, Novembre
„ & Décembre ; ils portent tous ces
„ vins dans leur pays où ils payent
„ les droits d'entrée ; ils en consom-
„ ment le tiers ou environ ; les deux
„ autres tiers sont conservés, accom-
„ modés & frelatés, & ensuite, lors-
„ que la mer s'ouvre aux mois de Mars
„ & d'Avril, rechargés sur les mêmes
„ vaisseaux, & portés en Allemagne,
„ mer Baltique & autres pays du Nord
„ où les vins de France se consomment ;
„ & ces mêmes vaisseaux reviennent
„ chargés de bois, chanvres, fer & au-
„ tres marchandises de gros volume
„ qui servent à leurs bâtimens ; c'est
„ ce qui produit leur puissance & l'a-
„ bondance de leur Peuple & de leurs
„ gens de mer.

„ Si les impositions qu'ils mettront
„ sont égales sur tous ces vins, ils cou-
„ rent risque que les Anglois & les
„ François même qui ne les payeront

,, point , pouvant les porter dans le
,, Nord à meilleur marché qu'eux, s'at-
,, tirent ce tranfport, qui eft tel qu'il
,, caufe, comme j'ai dit, toute la puif-
,, fance des Hollandois. S'ils ne met-
,, tent ces impofitions que fur les vins
,, qui fe confomment en Hollande , ils
,, ne peuvent retrancher cent cinquante
,, ou deux cent bariques de leur confom-
,, mation , qu'ils ne retranchent en mê-
,, me tems un vaiffeau de leur nombre,
,, & la vie & la fubfiftance à vingt hom-
,, mes qui la trouvent fur ce vaiffeau ; &
,, dès lors qu'ils viendront par ce moyen
,, à retrancher le nombre de leurs vaif-
,, feaux , les gens de mer iront dans
,, les autres pays chercher leur fubfif-
,, tance.

,, Le Roi d'Angleterre a fait la mê-
,, me chofe dans fon dernier Parlement ;
,, mais au lieu de nous faire du mal, il
,, fe trouve que l'on n'a jamais enlevé
,, tant de vins de France que cette an-
,, née.

» J'efpere que l'empreffement du
» Sieur van Beuninguen qui a vû ici la
» conduite du Roi & les moyens dont
» Sa Majefté s'eft fervie pour augmen-
» ter les Manufactures & le Commerce
» par Mer de fon Royaume , aidera

» beaucoup aux deſſeins qu'elle a for-
» més ſur ce ſujet ; en voici la raiſon
» générale.

» Le Commerce par Mer de tout le
» monde ſe fait avec vingt mille Vaiſ-
» ſeaux ou environ ; dans l'ordre na-
» turel, chaque Nation en devroit avoir
» ſa part à proportion de ſa puiſſance
» & du nombre de ſes Peuples & de ſes
» Côtes de Mer ; les Hollandois en ont
» de ce nombre quinze à ſeize mille, &
» les François peut-être cinq ou ſix cent
» au plus. Le Roi employe toutes ſor-
» tes de moyens qu'il croit être utiles
» pour s'approcher un peu plus du
» nombre naturel que ſes Sujets en
» devroient avoir. Si les Hollandois ſe
» ſervent des mêmes moyens, il y a
» lieu d'eſpérer qu'ils feront le même
» effet que Sa Majeſté prétend, c'eſt-à-
» dire, qu'ils s'approcheront auſſi du
» nombre naturel qu'ils devroient avoir ;
» & en ce faiſant, ils aideront beau-
» coup aux deſſeins de Sa Majeſté. La
» preuve particuliere de cette raiſon
» générale ſeroit trop longue à vous
» déduire, mais vous la pénétrerez fa-
» cilement dans la ſuite de toutes les af-
» faires de cette nature qui pourront
» paſſer par vos mains.

» Nonobſtant ces raiſons, comme la
» matiere du Commerce eſt très-déli-
» cate & très-difficile à pénétrer, je
» vous prie de m'informer avec ſoin de
» toutes les réſolutions que les Etats
» prendront ſur les propoſitions du Sr
» van Beuninguen , & ſur tout ce qui
» concerne cette matiere.

» Il ſeroit même très-important pour
» le bien du ſervice de Sa Majeſté, que
» vous fiſſiez vos diligences pour être
» informé du nombre des Vaiſſeaux qui
» ſont à préſent aux Etats, & à tous
» leurs Sujets ;

» De la quantité des vins de France
» qui entreront tous les ans ;

» De celle qui s'y conſomme & qui
» ſe tranſporte dans les Pays du Nord ;
» comme auſſi des eaux-de-vie , vinai-
» gres, ſels, fruits & autres denrées &
» marchandiſes du Royaume.

» Faites moi auſſi ſçavoir tout ce qui
» ſe paſſe ſur nos étoffes, merceries &
» généralement ſur toutes les modes de
» France , tant à l'égard des femmes
» que des hommes ; ſur-tout faites ces
» recherches avec adreſſe & ſecret,
» n'étant pas à propos de témoigner au-
» cune envie de ſçavoir toutes ces cho-
» ſes ; il eſt même néceſſaire d'affecter

» de ne pas paroître fi fçavant en ces
» matieres, qui doivent tenir fort au
» cœur des Hollandois.

   » Je fuis, &c.

Jufqu'à ce que les vûes de M. le Duc
de Sully fur l'exportation de nos grains,
& celles de M. Colbert fur le Commerce des Hollandois ayent été pleinement
adoptées, nous n'aurons ni richeffes
folides, ni Marine puiffante, ni la confiance des Nations du Nord. Nous nous
épuiferons pour foutenir un Pays dont
l'Angleterre tournera toujours les forces contre nous au gré de fon ambition
& de fa haine.

Le projet des Hollandois de fe paffer
de nos vins étoit très-réel ; & l'on ap-
prit qu'ils négocioient le long du Rhin
avec divers Princes, pour diminuer les
péages & les droits. M. Colbert recom-
manda très-vivement au Miniftre du
Roi à Mayence de fuivre cette affaire
avec autant de vigilance que de cir-
confpection ; de s'informer exactement
de la nature, du lieu de ces péages,
des droits qu'on y perçoit, de la quantité des vins qui defcendent par le Rhin.
Il le pria d'en faire venir de plufieurs
endroits, & de former même quelque

entreprife de Commerce dans le Pays
en fociété avec un Marchand de vins,
pour apprendre fûrement tous ces détails fans paroître les chercher. Afin de
comparer lui-même les qualités, il en
fit tranfporter à Paris des effais de toutes les efpeces.

On ne pourroit que plaindre très-fort
quelqu'un qui trouveroit ces détails
trop petits : l'exécution ne demande
que de la médiocrité dans les talens ;
mais le principe qui en découvre la néceffité appartient au génie. J'euffe bien
defiré, pour rendre un hommage plus
complet à la mémoire du grand homme dont je parle & pour l'utilité publique, avoir eu communication de fes
dépêches pendant les autres années de
fon miniftere. Puifque fes lettres de
l'année 1669 ont été recueillies, les
autres doivent l'avoir été : de pareils
tréfors devroient appartenir au Public.
On ofe inviter en fon nom les particuliers, chez qui ils fe trouvent épars,
à les raffembler dans ce depôt fi digne
de la Majefté du Prince qui l'entretient
en faveur des Arts.

Les informations prifes au fujet des
vins du Rhin tranquiliferent en France
fur l'évenement, & l'on peut dire que

la jaloufie des étrangers n'a point nui à notre Commerce, autant que nos propres fautes. M. Colbert avoit raifon, lorfqu'il remarquoit que nos vins de Bourgogne, de Champagne & de Bordeaux s'exportoient dans la même abondance pour l'Angleterre & la Hollande ; mais il n'obfervoit pas que nos petits vins reftoient : ceux du Rhin ne leur faifoient pas tort, puifque nos baffes qualités font trop au-deffous pour entrer en concurrence. Mais les vins & les eaux-de-vie foit de Portugal, foit d'Efpagne, les remplacerent infenfiblement, dès que les droits établis en France & dans l'Etranger devinrent fi forts que les confommateurs aifés ne purent les acheter à un prix proportionné à leur valeur intrinfeque.

Nous avons toujours fourni, & nous pouvons efpérer que cela durera longtems, aux befoins des riches ; mais ils forment par-tout le petit nombre, & il n'y eût pas eu moins de bénéfice à vendre aux plus pauvres. Cela eft impraticable, tant que les vins des Provinces où les vignobles font médiocres payeront à la fortie les mêmes droits que ceux des Provinces où la qualité eft fupérieure.

C'est principalement dans le Nord que notre mauvaise politique nous a fait tort ; & comme nos denrées y sont un des principaux alimens du Commerce des Hollandois, M. Colbert redoubla d'efforts pour y établir le nôtre de façon à ne pas recevoir la loi de cette République, en cas qu'elle en trouvât les moyens.

Mais on eut encore recours à l'exclusif : c'est un vrai malheur pour la France que le préjugé en ait subsisté dans un tems où elle étoit en état de faire de grandes dépenses pour son Commerce. Les encouragemens ne pouvoient d'ailleurs être plus grands : la Compagnie du Nord devoit faire pendant vingt ans le Commerce de Zélande, de Hollande, des Côtes d'Allemagne, du Danemarck, de la Mer Baltique, de Suéde, Norvége, Moscovie. Tous les Sujets pouvoient y prendre un intérêt à condition qu'il ne seroit pas moindre de deux mille livres.

Sa Majesté accordoit à la Compagnie trois livres par barrique d'eau-de-vie qu'elle transporteroit dans ces Pays ; quatre livres par tonneau sur les autres denrées du crû du Royaume,

& autant sur celles qu'elle apporteroit à droiture. Les munitions néceffaires à l'armement des vaiffeaux étoient exemptées de tous droits d'entrée & de fortie ; l'entrepôt des retours permis fans payer aucun droit à la réexportation. Attendu que ce Commerce fe fait pour la plus grande partie par échange , S. M. promet de faire prendre dans fes arfenaux les marchandifes propres à l'armement de fes vaiffeaux , après que les Intendans des Ports les auront vifitées, & de les faire payer comptant, ou bien fur le pied de la facture originale, en y ajoutant le change , le fret & les affurances ; ou bien fur le prix courant que les mêmes munitions navales vaudront dans les Villes de Hambourg & d'Amfterdam. Le Roi offrit encore de faire l'avance pendant fix ans fans intérêt du tiers du fonds capital , même de fupporter fur fes avances les pertes qui pourroient être fouffertes pendant ces fix années. Il fut permis à la Compagnie d'employer fur fes vaiffeaux la moitié de matelots étrangers , lefquels au bout de fix ans de fervice devoient recevoir les Lettres de naturalité expédiées fans frais. Enfin il étoit défendu de saisir les effets de la Compagnie pour dettes des intéressés.

Il n'étoit pas possible d'ajouter à ces faveurs. Toutes les causes de découragement sont prévûes ; le grand article des provisions navales est reglé tout-à-la fois à l'avantage du Commerce & à celui du Roi, qui ne pouvoit espérer de les acheter avec plus d'économie. Que manqua-t-il donc à cet établissement pour le soutenir ? Quelle fatalité domine sur nos desseins les mieux concertés en apparence ? L'exclusif répond à tout.

Si le Roi eût accordé les mêmes graces à tous ses Sujets indistinctement ; qu'au lieu d'avances de fonds, il eût daigné faire naviguer quelques Escadres dans ces Mers dans la saison où le Commerce en est ouvert, nous aurions un Commerce du Nord. Quand même on nieroit la conclusion, car le Peuple superstitieux des Monopoleurs est obstiné pour l'ordinaire, on ne pourra pas dire du moins que l'exclusif ait réussi avec des conditions capables de créer une Marine, de porter un Commerce dans les extrémités de la Terre les plus inconnues, pourvû qu'il y eût des retours à prendre.

On objectera que la guerre survenue en 1672 contribua à détruire cette navigation ; & c'est d'où se tire la preuve de ce qu'on avance contre la Compagnie du Nord. Toute Compagnie, si puissante qu'elle soit en capitaux, est bornée ; ainsi chaque perte considérable qu'elle éprouve, sur-tout dans les commencemens, diminue le nombre de ses entreprises ; & il faut que celles qu'elle peut encore exécuter la dédommagent non-seulement de ses avances, mais encore des fonds perdus. Cela est souvent impossible à une Compagnie qui ne suit qu'un seul genre d'affaires, qui a toujours un grand fonds de dépenses à satisfaire, soit qu'elle gagne, soit qu'elle perde. Loin de faire de nouveaux fonds, le découragement s'en mêle ; il faut par un calcul démontré qu'elle s'écrase dans un certain terme. On obmet le peu d'activité dans l'administration & les autres causes de décadence inséparables d'une Compagnie exclusive. L'exemple d'une pareille Compagnie une fois détruite fait une telle impression, que personne n'ose songer à la relever ; on ne remonte point aux causes. La Compagnie est ruinée, ce genre de Commerce est ingrat, dit-on : d'ailleurs ces sortes de projets sont d'une exécution longue & pénible ; voilà une branche du Commerce délaissée.

Au contraire un Commerce libre est la réunion d'un nombre infini de sociétés volontaires. Dans chaque Port, un certain nombre d'Armateurs expédient leurs navires, dont les risques sont partagés entre plusieurs intéressés. Si un armement ne réussit pas, la portion d'intérêt de chacun est si foible que le Commerce n'en ressent point d'interruption ; dès qu'à l'aide du calcul on trouve l'espérance d'un bénéfice quelconque dans de nouveaux efforts, on refait des fonds, souvent plus considérables que les premiers ; on court après son argent, & on le rejoint toujours quand on le suit sagement.

D'un autre côté, si l'armement de l'un ne réussit pas, un autre qui s'y est mieux pris, ou qui s'est trouvé dans une circonstance plus favorable, a gagné : son exemple soutient les autres, ou sa prospérité redouble ses entreprises. Quand même tous viendroient à perdre à la fois, les entreprises seront moins nombreuses, mais ne cesseront pas, parce que l'habileté d'un Négociant riche confiste presque toujours à porter dans les lieux d'où le plus grand nombre se retire ; d'après ce grand principe, que la surabondance produit la difette. On peut s'en rapporter à l'ambition des hommes pour le surplus ; celui qui a fait un profit est bientôt accompagné. Les petites vicissitudes que produisent les accidens du Commerce ne sont l'affaire de personne que de ceux qui perdent & ne s'en plaignent pas : l'impression qu'elles font sur l'esprit des mauvais Politiques, est une crainte puérile. Si Lisbonne ou Constantinople ont reçu dans une seule année ce qu'elles ne peuvent consommer qu'en deux ans, il ne s'ensuit pas qu'on soit une année sans y envoyer : cela par deux raisons ; la surabondance baissant les prix, la consommation y sera plus grande, & dans le pays vendeur la diminution de la demande fait diminuer les profits. De cette double diminution, naît la matiere d'une nouvelle exportation, soit dans un endroit, soit dans un autre ; ainsi point de vuide dans l'occupation du Peuple. Quand même il y en auroit un peu, ce seroit après tout avoir payé une journée double à un homme qui se repose le lendemain : mais encore un coup la chofe eft impoffible, elle n'eft jamais arrivée, fi la totalité du Commerce a été libre.

Il eft bien certain qu'une Nation réduite à une ou deux branches de Commerce reffentira violemment l'interruption d'une feule ; mais fi elle en a dix à fa libre difpofition, l'une dédommagera de l'autre ; elle n'en perdra aucune, au contraire. Enfin, comme on l'a déja remarqué, lorfque le Commerce eft libre, la même prudence qui engage le Négociant à partager fes rifques, l'invite à varier fes fpéculations.

Ces matieres ont déja été difcutées tant de fois, & beaucoup mieux qu'elles ne le font ici, qu'il paroîtra fans doute fuperflu aux bons efprits que l'on s'écarte dans ces fortes de digreffions : mais qu'ils regardent autour d'eux ; la manne eft tombée du Ciel, cependant une partie du Peuple languit encore.

Le Commerce du Nord mérite plufieurs confidérations, auxquelles on ne peut refuler quelque extenfion.

Il eft d'un genre de néceffité premiere dans tout Pays où l'on veut entretenir une Marine & une Navigation confidérable, puifqu'il en fournit la matiere. Il eft ingrat, parce que les Peuples qui

l'habitent

l'habitent font pauvres & fobres : ainfi point d'argent à en retirer , peu d'importations à y faire. Les Anglois y portent de l'argent ; les Hollandois qui y trafiquent avec plus d'avantage , fe contentent de l'échange.

Les Hollandois ont établi chez eux l'entrepôt de toutes les denrées du monde ; là ils compofent les affortimens de chaque efpece qui doivent entrer dans chaque navire qu'ils expédient. Si le lieu où ils doivent finir leur route & prendre leur chargement principal n'eft pas propre à une grande confommation , ils partent plutôt & font des efcales , foit pour porter des marchandifes à fret, foit pour y vendre la portion de leur cargaifon convenable aux Ports où ils mouillent.

. Ainfi le prix du loyer du Vaiffeau pour tout le voyage eft payé moitié par les marchandifes portées , moitié par les marchandifes rapportées. S'ils alloient à morte-charge, ce feroit fur les retours qu'il faudroit imputer la totalité du fret. Il eft donc évident qu'entre deux Nations, dont l'une ira chercher des matieres dans le Nord avec un Vaiffeau vuide , & l'autre avec un Vaiffeau rempli , la derniere aura payé les matieres plus cher de la moitié du fret.

Il eſt aiſé de conclure que ſi les François veulent établir un Commerce dans
le Nord au pair des Hollandois, il faut
qu'ils ſe procurent les aſſortimens de
denrées convenables à ces pays.

Nulle autre Nation ne poſſede un
plus grand nombre d'avantages naturels pour ce Commerce, ainſi que pour
tous les autres; puiſque nous poſſédons
une partie des denrées du Midi de l'Europe, & celles de ſon climat tempéré,
avec les productions du Levant & des
deux Indes : mais cela ne ſuffit pas. Si
les Hollandois compoſent la plus grande partie de leurs cargaiſons avec les
denrées de France, ils y font auſſi entrer celles du Portugal, de l'Eſpagne,
de l'Italie qui conviennent à l'aſſortiment de ces pays. Le Maître d'une hôtellerie qui n'auroit qu'une ſorte de vin
à un ſeul prix ne feroit pas un grand
débit.

Il eſt donc indiſpenſable pour le Commerce du Nord, de pouvoir entrepoſer
dans nos ports les denrées des autres
pays, qui y conviennent mieux que les
nôtres, quoique de même genre. Si cet
entrepôt n'eſt pas permis, nous ne ferons le Commerce ni de ces denrées ni

des nôtres. Si au contraire nous les per-
mettons, nous donnerons un double accroiffement à notre navigation & à nos
exportations, foit en pénétrant dans le
Nord, foit en nous procurant de meilleures conditions de la part des Nations
dont nous ferons valoir les denrées.

Il eft certain que, ce point capital
bien établi, nous réuffirons avec de legers encouragemens : en voici une preuve récente. Il y a quelques mois qu'un
Négociant François convint d'un fret
de trois deniers & demi à Amfterdam
fur un navire de deux cent tonneaux,
pour prendre chargement à Archangel,
& le conduire dans un port de la Bretagne, où il avoit l'efpérance de trouver
un nouveau fret pour Hollande. Le Navire partit d'Amfterdam à morte-charge, parce qu'Archangel eft un lieu de
peu de débouché, & cette navigation
fut de trois mois & demi. Si ce Négociant eût reçu huit livres de gratification par tonneau fur un navire François, il eût été au pair d'un fret de
douze à treize deniers, prix courant
pour un voyage de neuf à dix mois à
l'Amérique, où les vaiffeaux fatiguent
& s'ufent davantage, où les dépenfes
font plus cheres, où l'on employe plus

de monde ; & dès-lors il n'eût point son-
gé à recourir à un Hollandois. Pour le
dire en passant, cette différence de trois
deniers qui paroît être à peu près l'intervalle commun du prix de notre fret
à celui de Hollande, vient en grande
partie du taux de l'intérêt de l'argent ;
car le Hollandois qui paye à trois pour
cent, se contentera de gagner six pour
cent, où le François fera forcé d'en
chercher dix au moins, parce qu'il paye
l'intérêt de cinq à six pour cent. Les
bois du Nord, avec lesquels l'un ou
l'autre feront construire leurs vaisseaux,
coûteront donc en outre quatre pour
cent de moins au Hollandois qu'au François. L'intérêt du montant de ces quatre
pour cent sur les matieres qui servent à
la construction, ira encore en déduction
des frais du Hollandois ; & ainsi de
suite.

Il est une autre observation à faire sur
le Commerce du Nord de l'Europe, en
faveur de nos Colonies du Nord de l'A-
mérique, qui peuvent nous fournir au-
moins des mâtures, des goudrons, des
chanvres, en attendant que le pays
soit assez desséché pour produire de
bons bois ; car le climat en soi y est
plus favorable à leur bonne qualité,

que celui du pays du Nord de l'Europe.
où nous les achetons.

Si les denrées du Nord font plus favo-
rifées que celles de nos Colonies, nous
ferons éternellement privés des reffources qu'elles peuvent produire. La confommation de nos denrées y eft plus fûre
que dans le Nord de l'Europe, & plus
avantageufe : il paroîtroit donc naturel
d'accorder aux productions de nos Colonies, qui peuvent nous convenir ac-
tuellement, la même faveur qu'à celles
du Nord.

Finiffons par remarquer qu'en tems
de guerre la fûreté de ce Commerce
exige de grandes précautions, parce
qu'il faut traverfer un canal étroit couvert de vaiffeaux ennemis. Si l'on navi-
gue en flotte, le rifque eft grand, les vaiffeaux de convoi n'ont point de retraite,
en cas d'accident. Le plur fûr eft encore,
de partir vaiffeau à vaiffeau par un
tems fait. Dunkerque, par cette raifon,
& par d'autres, paroît la ville la plus
propre à ce Commerce.

On ne peut même diffimuler que
cette difficulté d'entretenir notre Commerce du Nord pendant la guerre rendra toujours pour nous ce Commerce
un peu précaire ; car fa protection for-

meroit une diverfion confidérable à nos forces maritimes, fi l'on vouloit la rendre efficace ; & manquant de retraites le long des côtes de l'Allemagne, comme on l'a déja obfervé, cette protection devient même difficile. Un Commerce qui n'eft point exclufif à une nation, ne peut abfolument reprendre fon activité, s'il a reçu une interruption de plufieurs années.

Un autre obftacle que nous rencontrerons à l'établiffement du Commerce du Nord, c'eft la cherté de la navigation, & la médiocreté du bénéfice qu'il offre aux particuliers, tandis que nous avons d'autres branches de Commerce d'un grand produit, & qu'il nous en refte même d'autres à ouvrir qui ne feroient pas moins lucratives & moins étendues. Il n'eft pas non plus toujours poffible à l'Etat d'accorder des gratifications confidérables ; & lorfqu'il en accorde, ce ne peut être qu'autant qu'il peut prévoir le terme où fes Sujets feront en état de s'en paffer.

Au milieu de ces difficultés, il fembleroit de l'intérêt de la France d'adopter un fyftême conforme aux circonftances & à fes intérêts politiques.

Nous ne pouvons évidemment tirer

tout le parti possible du Commerce du Midi, tant que nous nous contenterons d'y porter nos denrées, & que nos vaisseaux ne seront pas assurés d'un fret en retour. Pour leur assurer ce fret en retour, il faut absolument trouver un débouché dans le Nord des denrées superflues du Midi que notre Commerce peut nous apporter. Il paroît presque impossible que cette réexportation se fasse par nous-mêmes ; mais les Nations du Nord, les Danois, Suédois, Moscovites, ont des hommes & des vaisseaux à bon marché, & ces Peuples manquent de capitaux ; la longueur de leur voyage les rend chers, & elle est forcée, parce que leurs Ports sont fermés pendant l'hyver. Fournissons leur ces capitaux qui leur manquent, diminuons la dépense de leurs voyages, en ouvrant dans nos Ports un entrepôt perpétuel & absolument libre de droits à routes les denrées, soit du Nord, soit du Midi.

La base de ce système de Commerce seroit une imposition de dix livres par tonneau sur tous les vaisseaux étrangers sans distinction, excepté dans le cas où ils apporteroient les denrées de leur propre cru ou de leurs Colonies : de manière que tous nos Traités de Commerce confifteroient dans le Tarif refpectif qui feroit arrêté avec chaque Nation des denrées réputées de fon cru & du nôtre. On ne peut nier que notre propre cru fournit mâtures, bois de conftruction, chanvres, huiles, vins, fruits, grains, fels de toute efpece, cuirs, falaifons; que nous avons par nos Colonies, brais, gaudrons, pelleteries, cotons, foyes, indigots, fucres, tabacs, &c. Ainfi nous fommes à l'abri de toute difficulté. D'un autre côté il eft évident que nous mettons dans leur intérêt tous les Peuples capables d'un Commerce actif, qu'il n'en eft aucun qui ne retirât de cet établiffement des avantages, dont il ne jouit point aujourd'hui, & dont il eft difficile qu'il jouiffe autrement.

Le Commerce du Levant, que la nature avoit femblé réferver excluſivement à la France, étoit devenu la proye des autres Nations; leur induftrie avoit arraché fans peine de nos mains un bien dont nous ne favions pas ufer. M. Colbert en fut moins le reftaurateur que le créateur; mais avant de lire le bel Edit qui retablit ce Commerce, il eft bon de connoître l'état déplorable où il fe trouvoit.

Les

Les Confulats du Levant, ainfi que les autres, avoient été érigés en Charges héréditaires, dans un tems où l'efprit de Finance dominoit à la faveur des befoins. Les Confulats fe vendoient, s'achetoient, comme un effet public ; on les faifoit exercer par des Commis ou par des Fermiers, qui fans s'intéreffer au bien du Commerce & de la Nation, fe fervoient de leur autorité pour exercer des monopoles. Leur mauvaife conduite attiroit fouvent des avanies à nos Marchands ; quelquefois même ils eurent l'indignité de les fufciter, afin d'avoir occafion de lever des taxes fur les Nationaux, ou de leur prêter à des ufures exorbitantes ; de façon que depuis une trentaine d'années il fe levoit, indépendamment des douanes, quatre à cinq pour cent fur l'entrée & la fortie des marchandifes, & jufqu'à mille ou douze cent piaftres par vaiffeau, fans que des fommes fi prodigieufes euffent acquitté la Nation. Le Roi avoit commencé par ordonner à tous les propriétaires de Confulats de repréfenter leurs titres, de faire réfidence, avec défenfes très-expreffes d'emprunter au prétendu nom de la Nation. A l'égard des dettes anciennes, ils furent obligés d'en envoyer un état circonstancié, l'origine, l'acte de consentement, l'état des recettes, & autres pieces : depuis on retira la propriété de tous les Consulats.

La ville de Marseille eut permission d'établir des droits pour payer les dettes nationales ; mais les deniers furent ou dissipés ou mal administrés. Le plus grand desordre cependant venoit de la part des Ambassadeurs, qui, au mépris de leur dignité, exerçoient des monopoles pour s'enrichir. Chose étrange, que la même cause de décadence, le monopole, se retrouve dans toutes les branches du Commerce !

Pour donner une idée de notre fâcheuse position au Levant, il suffira d'exposer que l'Echelle seule d'Alep devoit deux cent quarante-huit mille sept cent soixante & douze piastres; celle d'Alexandrie en devoit deux cent soixante mille, quoiqu'on eût levé jusqu'à trois & quatre mille piastres par vaisseau, neuf pour cent sur toutes les marchandises, sans compter les droits du Consul, qui n'avoit garde de s'oublier.

Une preuve sensible de la mauvaise administration, c'est qu'en 1647 un nommé Favre, avec un seul droit de cinq pour cent, avoit acquitté l'Echelle d'Alexandrie en cinq ans de quatre-vingt mille cinq cent piastres. A Seyde depuis vingt ans on levoit deux mille piastres par vaisseau, & la Nation ne laissoit pas d'en devoir quatre-vingt mille. Par ces faits particuliers on peut juger des autres : & si l'on fait attention à la quantité immense d'argent qui sortoit du Royaume annuellement pour ce seul objet, quand même notre Commerce se fût fait au Levant par échange, on doit concevoir une grande idée des ressources de cet Etat. Malgré un si prodigieux écoulement de ses richesses au Levant, en Italie, en Angleterre ; malgré des guerres intestines & étrangeres de près de soixante ans, & la playe des Traitans bien plus funeste encore, il n'étoit pas épuisé d'argent ; il lui restoit des marchandises & des vaisseaux. Le Port de Marseille étoit presque prohibé aux Négocians étrangers, sur lesquels on levoit différens droits, indépendamment de ceux dont on a déja parlé : en voici l'énumération ; le droit de gabelle du port, d'un denier pour livre, des marchandises qui entroient pour le compte des Etrangers ; les droits d'attache & d'ancrage, originairement de cinq sols par vaisseau ; trois sols par

Polacre, deux fols par Barque, un fol par Tartane appartenante aux Etrangers, avoient hauffé fucceffivement; le droit d'adoub de quatre fols par quintal du port des vaiffeaux étrangers, ou quatre livres par tonneau; le droit de vintin de carene, ou de cinq pour cent fur les navires, mâts, antennes, &c. vendus aux Etrangers; le vintin à rompre carene, droit de vingt écus par mille quintaux du port des vaiffeaux depecés par les étrangers; le droit d'un fol par millerole d'huile & de miel, & d'un fol par baril de chair falée que les Etrangers faifoient entrer ou fortir.

Enfin le droit d'aubaine dans toute fa rigueur; droit que perfonne n'oferoit affermer vingt mille livres en France, & qui la prive de confommations immenfes, qu'y viendroient faire quantité d'Etrangers attirés par la douceur de fon climat, & des mœurs de fes habitans. Ce n'eft pas qu'on entende, en fe récriant contre le droit d'aubaine, approuver la liberté qu'on laifferoit aux Etrangers de poffeder parmi nous des maifons ou des terres, des intérêts dans des entreprifes de Finances ou dans des commerces exclufifs, fans être habitans de

la France. Cette conduite feroit auffi
pernicieufe que la permiffion qui leur
eft donnée de placer leur argent dans
nos fonds publics. On parle fimplemenr
du droit qui adjuge aux Fermiers du Domaine les meubles de quelques Etrangers, qui venoient faire valoir parmi
nous les fruits de nos terres & de notre
induftrie. Cette police ne paroît propre
qu'à éloigner de nous les hommes &
l'argent, & elle eft contraire à l'équité
lorfque nous l'exerçons vis-à vis d'une
Nation qui n'ufe pas de la même rigueur
à notre égard. Ne fuffiroit-il pas même
d'aftreindre les héritiers d'un Etranger
retiré en France à vendre leurs héritages dans l'an & jour de la mort, à moins
qu'ils ne devinffent en même tems citoyens & habitans de France en fe faifant naturalifer? Ne devons-nous pas
apporter tous nos foins pour prolonger
parmi nous le féjour & la confommation de ceux qui n'ont pas le bonheur
d'être nés François?

Si Marfeille cût eu affez de capitaux
en argent & en vaiffeaux pour faire tout
le Commerce que fa pofition lui pro-
mettoit, on n'auroit pû lui reprocher
les précautions qu'elle avoit prifes pour
conferver fa navigation contre les ca-

treprises des Navigateurs étrangers;
mais aussi peu en état alors de remplir
tous ces objets qu'elle l'est encore aujourd'hui, elle avoir poussé ses précautions contre le séjour des Etrangers jusqu'à une rigueur déplacée & ruineuse
pour l'Etat.

M. Colbert voyoit toutes les branches du Commerce en friche à la fois.
Les Négocians sans vûes, sans émulation, sans fortune, se doutoient à peine
de leurs forces, & secondoient timide-
ment ses desseins. Il prit habilement
son parti ; il appella les Etrangers à
Marseille par des priviléges, par la sup-
pression du droit d'aubaine, & de tous
ceux qui étoient imposés sur leurs effets.
Il prévit bien que les riches Négocians
des Nations qui n'ont point de capitu-
lations à la Porte, viendroient en foule
avec de gros capitaux jouir des avantages naturels de ce Port pour le Commerce du Levant ; qu'ils y construiroient
de nouveaux navires, dont l'armement
donneroit de l'occupation aux ouvriers
& aux matelots François, en forme-
roit d'autres, & enfin en attireroit d'é-
trangers que l'aisance naturaliseroit
bien-tôt. Son principe étoit trop sûr
pour tromper son attente ; le pavillon

François se multiplia en un instant dans toutes les Echelles , & nos manufactures animées par cette nouvelle concurrence s'agrandirent. Quelque chose qu'on ait dit depuis de l'excès de cette concurrence , & des effets de l'aviliffement des prix , il n'en est pas moins certain que dans le tems même où certaines perfonnes s'écrioient que tout étoit perdu, nos draps pénétroient pour la premiere fois dans l'Armenie & la Perfe ; que les Anglois déploroient chez eux la facilité que nous avions de vendre de mauvais draps en fi grande quantité , que les leurs reftoient invendus malgré leur fupériorité. Ce font des faits qui doivent au moins nous apprendre à juger des événemens par leurs véritables caufes , & à étudier les circonftances pour développer ces caufes. Ce n'est jamais le gain de chaque particulier qu'il convient de calculer dans ces matieres ; mais le gain national ; & ce principe évident leve tous les doutes.

M. Colbert ne se contenta pas d'inviter les Etrangers à entreprendre le Commerce de Marfeille , il le foulagea de maniere à rendre ce Commerce lucratif. Tous les droits quelconques fu-

rent fupprimés, à l'exception du droit
de poids & de caffe, & de celui de
Cottimo dont il refte à parler. En 1660
les Négocians de Marfeille convinrent
de lever demi pour cent fur toutes les
marchandifes portées dans chaque
Echelle du Levant. Le produit étoit
deftiné à payer une penfion de feize
mille livres à l'Ambaffadeur pour l'entretien de jeunes enfans François éle-
vés à Conftantinople dans l'étude de la
Langue turquefque, & à l'acquittement
d'une dette que la Nation avoit contrac-
tée avec les Anglois. Lors de l'établiff-
fement du Port franc, il fut fixé un
tarif de ce que payeroit chaque efpece
de bâtiment allant aux Echelles du Levant ; & fur la recette il fut ordonné de
prélever vingt-cinq mille livres pour
l'entretien du Port. Cette premiere taxe étant trop forte, fut depuis diminuée
plufieurs fois.

Le Commerce des huiles & fanons
de baleine, celui de la poix & réfine,
étoient en traité, de maniere que le
Partifan vendoit la permiffion d'en entrer & d'en fortir. Ce monopole dangereux fut fupprimé. Dès 1665, les
droits exceffifs & arbitraires de vifite
des Juges de l'Amirauté avoient été ré-

duits ; mais l'augmentation du Commerce les en dédommagea amplement.

Pour mettre le Commerce du Levant en sûreté contre les Navigateurs étrangers, il fut réglé qu'il seroit perçu un droit de vingt pour cent sur toutes les denrées du Levant qui n'en arriveroient pas à droiture, même par un navire François, ou qui seroient apportées par des vaisseaux portant pavillon étranger ; mais en même tems pour accoutumer ces Etrangers à venir prendre les denrées du Levant à Marseille, sans aller eux-mêmes les chercher au Levant, on leur remit le droit de cinquante sols par tonneau, lorsqu'ils y apporteroient des marchandises du crû de leur pays.

Ces expédiens réussirent si bien que les Anglois même vinrent charger à Marseille les denrées du Levant, jusqu'à ce que leurs Loix y missent un obstacle. Cependant l'exclusion donnée sans nécessité aux autres Ports de France a eu des suites fâcheuses, mais qu'on étoit alors bien éloigné de prévoir.

On a cru depuis que l'augmentation des capitaux & des Marchands nous permettoit d'enlever aux Etrangers cette portion d'intérêt que nous leur laissions dans nos profits au Levant en

faveur de leur féjour à Marfeille. On
fupprima une concurrence fans la remplacer par une autre, qui fembloit toute
naturelle, c'eft-à-dire la concurrence
nationale; on eut lieu peut-être de ne
pas appercevoir de changement au
Commerce du Levant pendant quelques années; mais l'augmentation du
commerce lucratif de l'Amérique ayant
détourné une partie de la navigation
de Marfeille, celle du Levant diminua
fenfiblement. Le monopole, toujours
deftructif de lui-même, tint le fret &
les denrées fi cheres, que bien-tôt il
perdit le Commerce de réexportation.
Les Marchands Italiens acheterent des
Anglois à Port-Mahon, des Hollandois
& de la République de Ragufe, la permiffion de naviguer fous le pavillon de
ces Nations; l'intérêt de leur argent
étant plus foible & la concurrence plus
forte, ils ont non-feulement perdu
l'habitude de recevoir les denrées du
Levant de la main des François, mais
encore il les ont réexportées concur-
remment avec eux en Efpagne & ailleurs. Les Hollandois par les mêmes
raifons ont fait de grands verfemens
fur nos Côtes du Ponent au détriment
de la Navigation & des Manufactures
de l'Etat.

Il est évident en soi que, si tous les Ports de France eussent été ouverts au Commerce du Levant, aucun des effets qui a suivi le retranchement du pavillon n'eût été éprouvé. Les Manufactures de nos Provinces septentrionales pouvant alors s'exporter à aussi peu de frais pour les côtes de la Méditerranée que celles de l'Angleterre, y eussent au moins balancé les succès de nos voisins ; nos sucres, nos miels, nos sirops, nos caffés, y eussent été répandus à plus bas prix par la plus grande concurrence , & la consommation en eût été accrûe.

Avant de quitter la matiere du Commerce du Levant, il est bon de rassembler tout ce que M. Colbert fit en sa faveur. Il engagea des particuliers riches à armer des vaisseaux de force pour ce Commerce, & forma même en 1670 une Compagnie à laquelle le Roi avança pendant deux ans deux cent mille livres sans intérêt, prenant sur cette somme les pertes qu'elle pourroit essuyer dans le même intervalle. Dix livres de gratification furent accordées pendant quatre ans sur chaque piece de drap qu'elle transporteroit au Levant ; & enfin on y joignit entre autres privilé-

ges le droit exclusif de la vente du
séné pendant les vingt ans qu'elle devoit durer , à condition qu'elle établiroit une rafinerie de sucre à Marseille.
Quelque protection que cette Compagnie eût éprouvée , quoiqu'elle fût composée de riches Négocians , la concurrence des particuliers l'emporta sur
elle ; lors de la dissolution elle se trouvoit en perte ; la vente du séné fut
rendue libre.

La Compagnie des Indes Occidentales se trouvoit absolument hors d'état
de soutenir son privilége exclusif. Les
Colonies manquoient des choses néceffaires , & le bas prix auquel on prenoit leurs denrées desespéroit les habitans. En vain les droits furent-ils aug-
mentés sur les sucres venant du Brésil
& des pays étrangers ; les retours de la
Compagnie n'étoient pas plus abondans , & les Interlopes Hollandois n'é-
toient pas moins accueillis dans nos
Isles , malgré le renouvellement des dé-
fenses. La nécessité ouvrit les yeux ,
on en vint au grand remede ; le Commerce de l'Amérique fut permis à tous
les François indifféremment. M. Colbert écrivit dans tous les Ports pour inviter à l'entreprendre , & sollicitoit en

particulier les principaux Négocians de s'y adonner. Les Gouverneurs eurent des ordres très-rigoureux d'écarter les navires étrangers , d'accueillir, de favoriſer & de prévenir en tout les Navigateurs François. On vit bien que le Miniſtre vouloit férieuſement que le Roi fût obéi , & il le fut. On étoit bien éloigné alors de tomber dans l'indifférence ſur cet article , ſous prétexte qu'il étoit impoſſible de l'empêcher. M. Colbert avoit de la volonté qui eſt le premier des moyens , & il ſçut exécuter ce que les Anglois & les Portugais ont trouvé facile chez eux. Des frégates en croiſieres , & ſur-tout des commiſſions aux Armateurs pour courir ſur l'Interlope , ſont des expédiens aſſurés ſi l'on veut réuſſir.

Cela ne ſuffiſoit pas cependant pour retirer tout-à-fait ce Commerce de la main des Etrangers. Dans pluſieurs Ports , & entr'autres à Nantes , on leur vendit des Paſſeports pour aller aux Colonies , d'où ils rapportoient chez eux les retours à droiture. Cette infidélité coûta cher au Commerce ; car on obligea les Négocians de venir deſarmer dans les Ports mêmes d'où ils étoient partis. Reglement qui devint

plus pernicieux à mesure que le Commerce s'étendit : aussi le révoqua-t-on
depuis ; mais il a été reproduit sur un
autre motif, qui étoit d'assurer le droit
des Fermiers. Le Commerce vexé &
desolé fut obligé de souscrire lui-même
à l'arrêt de sa perte, pour éviter de
plus grands troubles ; mais il est certain
que cette formalité est infiniment coûteuse, & déroute tout-à-fait un Négociant dans les spéculations qu'il pourroit former. C'est en partie à ce Reglement que les sucreries du Bresil doivent
un accroissement si extraordinaire. Ne
pouvoit-on pas vérifier à l'Amérique le
chargement des vaisseaux sur lesquels
on payeroit en France ? N'y a-t-il pas
des Receveurs pour les droits qui y sont
dûs ? Peut-on en partir sans un congé ?
Enfin les Anglois ne le pratiquent-ils
pas chez eux ? Si c'est du côté de la
solvabilité du Négociant que l'on se dé-
fie, on peut exiger caution ; si c'est la
fidélité des Commis que l'on soupçon-
ne, on répond qu'elle sera égale à celle
des Commis de France : tous les droits
de l'Amirauté & autres sont perçus
fort régulierement.

De quelque maniere que l'on s'y prenne pour établir la liberté de transporter

les denrées de nos Colonies à droiture dans les Ports étrangers d'Europe, on ne sçauroit trop répéter qu'elle est indispensable, & qu'elle équivaudroit sur cette partie à l'acte de Navigation des Anglois, sans blesser les traités ni les autres Puissances.

Ne laissons point échapper une observation qui se présentera souvent à ceux qui réfléchiront sur les opérations de M. Colbert. Aucun Ministre dans la Monarchie n'a fait une amélioration aussi prodigieuse dans les Finances, & aucun cependant n'a été plus exempt de cet esprit de Fisc, qui sacrifie toute opération utile à l'industrie aux produits actuels. La tête de ce grand homme étoit organisée pour les calculs politiques ; & loin d'adopter dans la perception les raisonnemens timides d'un Receveur borné, la connoissance profonde des sources lui indiquoit sur le champ des remplacemens assurés.

Il ne manquoit plus au Commerce que d'être une profession honorée ; c'est ce que le Roi lui accorda par un Edit où il permet à la Noblesse de le faire, l'y invite même. Aucun politique alors ne parut allarmé sur la chûte de l'esprit militaire, ni sur l'abandon des fonctions de la magiftrature; & malgré les égards que l'on doit aux principes de l'Auteur de *l'Efprit des Loix*, je ne puis me perfuader que Louis XIV. & les Miniftres ne connuffent pas mieux que lui les conféquences de cette démarche. Le Monarque s'exprima encore plus pofitivement dans un Edit poftérieur : nous le verrons dans fon tems ; en attendant celui de 1669 mérite d'être rapporté.

*Edit du mois d'Août 1669, qui déclare le Commerce de mer ne point déroger à la Nobleffe.*

« LOUIS, &c. Comme le Commer-
» ce, & particulierement celui qui fe
» fait par mer, eft la fource féconde
» qui apporte l'abondance dans les Etats
» & la répand fur les Sujets à propor-
» tion de leur induftrie & de leur tra-
» vail, & qu'il n'y a point de moyen
» pour acquérir du bien qui foit plus
» innocent & plus légitime ; auffi a-t-il
» toujours été en grande confidération
» parmi les Nations les mieux policées,
» univerfellement bien reçu, comme
» une des plus honnêtes occupations de
» la vie civile ; mais quoique les Loix
» &

» & les Ordonnances de notre Royau-
» me n'ayent proprement défendu aux
» Gentilshommes que le trafic en dé-
» tail, avec l'exercice des arts mécha-
» niques & l'exploitation des Fermes
» d'autrui ; que la peine des contraven-
» tions aux Reglemens qui ont été faits
» pour raison de ce , n'ait été que la
» privation des priviléges de Noblesse ,
» sans une entiere extinction de la qua-
» lité; que nous nous soyons portés bien
» volontiers , ainsi que les Rois nos
» prédecesseurs , à relever nos Sujets
» de ces dérogeances ; que par la Cou-
» tume de Bretagne & par les privilé-
» ges de la ville de Lyon , la Noblesse &
» le négoce ayent été rendus compati-
» bles; & que par nos Edits des mois de
» Mai & Août 1664, qui établissent les
» Compagnies du Commerce des Indes
» Orientales & Occidentales , il soit or-
» donné que toutes personnes , de quel-
» que qualité & condition qu'elles
» soient, y pourront entrer & participer
» sans déroger à la Noblesse, ni préjudi-
» cier aux priviléges d'icelle ; néanmoins
» comme il importe au bien de nos Su-
» jets , & à notre propre satisfaction ,
» d'effacer les restes d'une opinion qui
» s'est universellement répandue, que le

» Commerce maritime eft incompatible
» avec la Nobleffe, & qu'il en détruit les
» priviléges ; nous avons eftimé à pro-
» pos de faire entendre notre intention
» fur ce fujet, & de déclarer le Commer-
» ce de mer ne pas déroger à Nobleffe,
» par une Loi qui fût rendue publique,
» & généralement reçue dans toute l'é-
» tendue de notre Royaume. A CES
» CAUSES, defirant ne rien obmet-
» tre de ce qui peut davantage exciter
» nos Sujets à s'engager dans ce Com-
» merce, & le rendre plus floriffant, &
» de notre grace fpéciale, pleine puiffan-
» ce & autorité Royale, nous avons dit
» & déclaré, & par ces préfentes fignées
» de notre main, difons & déclarons,
» voulons & nous plaît que tous Gen-
» tilshommes puiffent, par eux ou par
» perfonnes interpofées, entrer en fo-
» ciété & prendre part dans les vaif-
» feaux marchands, denrées & mar-
» chandifes d'iceux, fans que pour rai-
» fon de ce, ils foient cenfés ni réputés
» déroger à la Nobleffe, pourvû tou-
» tefois qu'ils ne vendent point en dé-
» tail, &c.

Tandis que le Commerce de mer
étoit encouragé dans toutes fes branches, les Manufactures qui en font a

bafe après l'Agriculture, ne recevoient pas moins de fecours. La nouvelle conquête du Roi cultivoit plufieurs Arts, dont il étoit important d'établir la communication avec le Royaume, & principalement avec les Ports. Cette communication naturelle dans un fi grand voifinage avoit été tellement interrompue par le grand art des douaniers & par l'excès des droits, que toutes les denrées de la Flandre s'embarquoient par Oftende, ou fe voituroient en Italie, fans toucher aux terres de France.

· M. Colbert fentit l'avantage infini qu'il y auroit à déterminer par la France le paffage de toutes les marchandifes de la Flandre Françoife, & même Efpagnole, allant à l'Etranger. Les foins qu'il prit & les peines qu'il eut à réuffir prouvent tout à la fois l'importance de ces objets & les difficultés qui s'oppofent toujours à l'ouverture des canaux du Commerce, foit qu'ils foient creufés pour la premiere fois, foit qu'ils ayent été détournés.

Il commença par accorder un tranfit franc au travers du Royaume à toutes ces marchandifes : mais on n'en eût pas profité s'il en fût refté-là. Les voitures des marchandifes de Lille & des

autres villes de Flandre étoient entre-
prifes par des Allemands , auxquels il
importoit fort de dégoûter les Flamands
de la route de France. Il y envoya divers entrepreneurs François, pour faire
des propofitions aux Commerçans , &
chargea l'un d'eux en fecret de prendre
les voitures toujours à un quart au-deffous de ce que demanderoient les Allemands , s'obligeant de le dédommager
de ce quart. En même tems , il fit armer deux Vaiffeaux du Roi au Havre ,
pour tranfporter en Efpagne & en Portugal les marchandifes de la Flandre. Il
envoya un Capitaine pour les offrir aux
Négocians , conférer avec eux , avec
ordre de s'informer des prix courans
du fret par Oftende , de demander le
plus bas , même de fe contenter de ce
qui lui feroit offert. Il étoit réfolu de
leur donner tous les deux mois cette facilité , pour les habituer à prendre leur
route par le dedans du Royaume, jufqu'à ce que les particuliers armaffent
un affez grand nombre de navires pour
faire cette Navigation. Il en écrivit à
Rouen, à Saint-Malo, & dans d'autres
Ports , invitant les Négocians à entretenir une navigation reglée avec le Portugal & l'Efpagne, pour y porter les

denrées de la Flandre. « Car je connois
» fort bien, difoit ce Miniftre, que ce
» n'eft pas le fait du Roi de fe mêler de
» ces fortes de détails. Si les Négocians
» de nos Ports demandent affiftance à
» Sa Majefté pour entreprendre ces
» tranfports, je ne doute pas qu'elle ne
» le faffe volontiers ».

Toutes les fois que le Gouvernement
fe mêle ainfi du Commerce, on n'en
prend point d'ombrage affurément ; on
lui découvre même des petits fecrets
qu'il eft bon qu'il connoiffe, & qu'on lui
cache, non qu'ils ne foient utiles à l'Etat,
la profeffion eft bienfaifante en elle-même, mais parce qu'on craint de dire
jufqu'au bien que l'on fait.

Les Confuls de Portugal & d'Efpagne reçurent ordre du Miniftre d'offrir
aux Négocians de la Flandre Françoife
toutes les commodités dont ils pourroient avoir befoin ; de l'informer à l'arrivée de l'état des marchandifes, des
précautions à prendre une autre fois.
Son attention s'étendoit jufqu'aux plus
petits détails de propreté convenables
à la confervation des marchandifes.

» Faites bien valoir, écrivoit-il à
» l'Intendant de Flandre, tous ces foins
» aux nouveaux Sujets de Sa Majefté ;

» mais *obfervez qu'Elle veut les convier à*
» *fe fervir de cet établiffement pour leur*
» *avantage & non les y forcer.* » Sentence
admirable, foit qu'on la confidere du
côté de la polique ou de l'humanité :
faire aux hommes le bien qu'ils aiment,
c'eft un art qui n'appartient qu'aux grandes & belles ames.

On pourvut même aux retours que
les Marchands pouvoient recevoir ;
l'exemption de tous droits fut accordée au tranfit des vins & autres denrées d'Efpagne, venant pour compte
des Marchands de Lille. Enfin M. Colbert, pour couronner fes foins, envoya
reconnoître les routes de Venife, Mi-
lan, Veronne par terre, afin d'établir
des voitures reglées, dont l'entreprife
fût faite par dés François.

Les habitans de la Flandre demande-
rent que leurs étoffes puffent entrer en
France pour fa confommation fur le
pied du Tarif de 1664. Cette grace
parut fouffrir quelque difficulté à caufe
de la facilité d'y introduire celles de pareille efpece qui fe fabriquoient dans la
Flandre Efpagnole ; cependant on s'y
détermina, en prenant la précaution
de faire marquer les ballots aux lieux
du départ. « Quoique le Roi, » écrivoit-

il à ce sujet à M. de Souzi, » accorde vo-
» lontiers toutes sortes de graces aux ha-
» bitans des Pays conquis, & même aux
» Marchands des villes restées au Roi
» Catholique ; je ne laisse pas d'être
» persuadé qu'avec le tems nos bureaux
» produiront assez considérablement.

» A l'égard des précautions à prendre
» pour empêcher qu'il ne s'introduise
» quelque abus dans le passage des mar-
» chandises que les Marchands des
» Villes restées au Roi Catholique vou-
» dront envoyer dans les Pays étran-
» gers par nos voitures de terre & de
» mer ; prenez bien garde de ne rien
» faire qui puisse troubler ni diminuer ce
» Commerce ; au contraire travaillez
» par toutes sortes de moyens à l'aug-
» menter. Vous avez bien fait de faire
» arrêter le Commis du Bureau de Mor-
» tagne, qui avoit retardé le passage
» des bateaux de charbon ; il est de
» très-grande conséquence que les Mar-
» chands ne soient vexés sous quelque
» prétexte que ce soit ».

Il fit également emprisonner & ensuite chasser un Commis pour avoir
pris cinq sols pour un acquit.

Encore un trait pour caractériser ce
grand homme, & développer ses prin-

cipes : il recommandoit à M. de Souzi trois maximes : « 1°. de ne jamais dé-
» cider qu'après avoir entendu les Mar-
» chands & les Fermiers, afin de main-
» tenir la balance égale entr'eux ; 2°.
» d'être plutôt un peu dupe des Mar-
» chands fur les produits que de gêner
» le Commerce, parce que ce feroit
» anéantir les produits ; 3°. d'objecter
» toujours la rigueur des Ordonnances,
» afin que les Peuples fentent que la
» grace leur vient du Roi, & qu'ils
» foient portés à lui en avoir toute la
» reconnoiffance.

Tels font les refforts d'une adminiftration, dont l'objet eft de fonder la
gloire & la puiffance du Maître fur le
bonheur des Sujets ; & telle fera la politique de tous ceux qui apporteront dans
les affaires du Gouvernement des principes, des vûes, des combinaifons &
du courage. On l'a déja remarqué, &
on ne fçauroit trop le répéter, il eût
été impoffible à M. Colbert de créer
à la fois une Marine & un Commerce,
& ce qui n'eft pas moins difficile, d'être
le reftaurateur des Finances ; de porter
fi loin, en moins de dix ans, tant d'établiffemens ; d'entrer dans d'auffi grands
détails, fans retarder l'expédition des
affaires ;

affaires; d'aller au-devant du bien avec tant d'activité, si son génie n'eût été guidé par une méditation profonde, dont le courant des affaires ne laisse plus le tems lorsqu'on est arrivé au Gouvernement.

On ne compte pas s'être écarté de son sujet en parlant du Commerce ; & l'on eût desiré pouvoir donner l'idée d'un Ministre parfait en citant les mêmes attentions pour encourager la sortie de nos grains & de nos vins, au lieu de se contenter de diminuer les tailles dans les campagnes.

Cette année n'offre d'autre opération de Finance que la création d'un Greffier des affirmations dans toutes les Cours & Siéges du Royaume, & celle de deux Trésoriers Généraux du Domaine dans chaque ressort de Chambre des Comptes, pour remplacer les Receveurs & Contrôleurs du Domaine établis dans chaque Sénéchaussée & Bailliage.

L'augmentation des Fermes ne se soutint pas cette année, parce que les besoins diminuant, les droits furent aussi diminués dès 1668 ; en particulier le prix du sel : voici la récapitulation.

## RÉCAPITULATION des Revenus de 1669.

| | Revenus. | Charges & Diminutions. |
|---|---|---|
| Fermes générales . . . . . . . . . . | 46784600 liv. | 15401715 liv. |
| Autres Fermes . . . . . . . . . . | 550000 | 190000 |
| Recettes générales des Pays d'Elections . . . . | 33832240 | 9546050 |
| *Idem.* Des Pays d'Etats . . . . . . . . | 20225112 | 1367315 |
| Dons gratuits des Pays d'Etats . . . . . . | 7283068 | 139197 |
| Bois, Revenus casuels, Etapes & secondes Parties . | 5221369 | 157619 |
| Total . . . . . . . . . . | 95623789 liv. | 26901896 liv. |

Net . . . 68721893 liv.

L'impofition générale étoit moindre que l'année précédente de fix millions fix cent cinquante-deux mille deux cent quatre-vingt quinze livres. Cependant les parties du Tréfor Royal étoient augmentées de quatre millions cent quatre-vingt-un mille deux cent quatre-vingt-fix livres, par la diminution des Charges perpétuelles, & le rembourfement de fix millions fix cent quarante fix mille deux cent quatre-vingt-dix-fept livres fur les avances des Fermiers & Receveurs.

## ANNÉE 1670.

Il fe faifoit fous divers prétextes une grande diffipation des amendes décernées dans les divers Tribunaux, & qui font deftinées en partie à payer les frais que le Roi fait pour la Juftice. On fit compter les Receveurs de toutes les Jurifdictions par états de recette & dépenfe depuis un nombre d'années : ce revenu fut réuni aux Domaines ; & pour l'accroître, il fut défendu aux Juges de modérer les amendes prefcrites par l'Ordonnance.

Le génie de M. Colbert embraffoit tous les détails économiques, & ceux même dont le rapport eût paru moins sensible à des yeux ordinaires avec le bonheur du Peuple. Il ne borna point son attention à ramener l'ordre dans la recette des amendes ; il sentit que le labyrinthe obscur des procédures, & la longueur des formalités inutiles, étoient des charges sur les sujets, nuisibles au recouvrement qu'exige le maintien de la société. En effet, elles sont l'asyle de la mauvaise foi : la difficulté de connoître & de remplir leur étendue, souvent la contradiction des jugemens qui en résultent, rendent les propriétés incertaines. Les sommes énormes qu'elles coûtent ne sont cependant pas plus onéreuses que la perte du tems qu'elles occasionnent, soit en tenant les plaideurs éloignés du travail & des soins domestiques, soit en suspendant une infinité d'entreprises utiles à l'amélioration des terres, à l'augmentation du Commerce. Combien de valeurs perdues pour l'Etat, par exemple, par l'abandon où tombent les terres en direction ! Quelle amélioration peut-on espérer d'un Fermier de bail judiciaire, qui n'a qu'un engagement de deux années ? Quel art inhumain & ruineux pour la société, que celui qui autorise un Procureur à prolonger un séquestre, jusqu'à ce que le produit de ses procédures fasse passer le bien entier dans ses mains avides?

Ce fut par les conseils de ce grand homme que le Roi fit entreprendre la réforme des Ordonnances Civiles & Criminelles achevée en cette année. Ce fut par eux que le Prince s'arma de fermeté contre des représentations dictées par un fond d'attachement aux anciens usages, toujours respectable s'il est éclairé, mais qui dégénéroit alors en préjugé d'habitude. On ne sçauroit trop répéter que par-tout où les Loix gouvernent, il convient d'établir des formes; que leurs inconvéniens de détail sont compensés par l'ordre général; mais la raison leur prescrit des bornes, & le génie du Législateur les fait assigner.

Il semble qu'un Code de Loix auroit moins souvent besoin de réforme, & que la Loi seroit moins difficile à apprendre, si dans chacune le Législateur établissoit nettement les principes d'où elle dérive, & l'effet particulier qu'il se propose. L'expression de la Loi ne peut embrasser tous les cas possibles, d'où naissent avec le tems des modifications & des maximes éloignées de l'esprit

primitif de la Loi. C'eft ce qui compli-
que la Jurifprudence & fait quelquefois
dégénérer la raifon en chicane. Les
principes bien décidés & bien établis
rappelleroient fans cefle à eux les jugemens particuliers ; on pourroit fuivre
la filiation, pour ainfi dire, des formules & des maximes introduites dans certaines circonftances.

Les rembourfemens d'Offices, de
Gages & de Rentes continuoient toujours de fe faire d'année en année : il
paroît par un Réglement du 14 Avril de
cette année, que les Rentes fur l'Hôtel-
de-Ville divifées en quatorze parties fe
trouvoient réduites à fix millions neuf
cent quatre-vingt-quatorze mille deux
cent cinq livres deux fols dix deniers,
qui avec les gages des vingt-huit Payeurs
& Receveurs montant à deux cent cinquante-deux mille livres, formoient au
total fept millions deux cent quarante-
fix mille deux cent cinq livres deux fols
dix deniers. Cette année eft véritablement l'époque brillante des Finances
fous ce miniftere, parce que dans aucune il n'y eut moins de charges perpétuelles fur les revenus de l'Etat &
moins d'impôts fur les Peuples.

## ETAT des Revenus & des Charges en 1670.

| | Revenus. | Charges & Diminutions. |
|---|---|---|
| Domaines. | 3475000 liv. | 524033 liv. |
| Gabelles, Aides & cinq grosses Fermes. | 40051000 | 1220239½ |
| Gabelles de Languedoc & Roussillon. | 2335000 | 852929 |
| Idem. De Lyonnois | 1471000 | 218032 |
| Idem. De Provence & Dauphiné | 2027000 | 572453 |
| Idem. De Metz. | 130000 | 130000 |
| Tiers-fur-taux & Quarantieme de Lyon. | 350000 | 6000 |
| Recettes générales des Pays d'Elections. | 34019709 | 7090210 |
| Idem. Des Pays d'Etats. | 2806378 | 2062946 |
| Dons gratuits des Pays d'Etats | 3493136 | 142417 |
| Bois | 1002900 | 279825 |
| Revenus casuels | 3198183 | 1719754 |
| Etapes & secondes parties | 1000070 | |
| Total | 96338865 | 21855051 Dont |

Net ..... 74483814 liv.

environ trois millions en diminution aux Provinces qui souffroient.

E iiij

Les parties du Trésor Royal n'avoient point encore monté à une si forte somme ; les Charges perpétuelles ne montoient qu'à vingt-deux millions environ.

Dans cette somme n'étoit point comprise la subvention annuelle du Clergé. Il s'assembla cette année à Pontoise, & se détermina à accorder à Sa Majesté un don gratuit de deux millions deux cent mille livres, en faveur des efforts qu'il falloit faire pour réprimer la piraterie des Corsaires de Tunis & de Salé.

Les grandes dépenses en meubles, diamans, tableaux & bâtimens, à Versailles, au Louvre, à l'Observatoire & ailleurs, commencerent dès cette année à excéder les projets de dépense : la guerre survint, & l'Etat roula continuellement sur des anticipations de revenus, indépendamment des affaires extraordinaires. On en jugera mieux par l'état des dépenses de cette année.

La dépense réelle excédoit la dépense projettée de dix millions six cent onze mille neuf cent quatre-vingt-quatorze livres, & les revenus d'environ neuf millions. Pour remplacer ces fonds en 1671, on chercha d'avance des expédiens. Le droit de gros sur le vin fut augmenté : & le Contrôle fut établi sur

# ETAT DES DÉPENSES DE L'ANNÉ 1670

| | Dépense réelle. |
|---|---:|
| | liv. |
| de la Maison du Roi. . . . . . . . . . . . | 548013 |
| aux Deniers . . . . . . . . . . . . | 2090096 |
| e . . . . . . . . . . . . | 1837475 |
| . . . . . . . . . . . . | 480325 |
| . . . . . . . . . . . . | 475369 |
| s chevaux . . . . . . . . . . . . | 12000 |
| des Offrandes . . . . . . . . . . . . | 29357 |
| de l'Hôtel. . . . . . . . . . . . | 61050 |
| u Corps . . . . . . . . . . . . | 184563 |
| ses de la Garde. . . . . . . . . . . . | 47738 |
| & Fauconnerie . . . . . . . . . . . . | 259256 |
| ie . . . . . . . . . . . . | 34293 |
| e la Reine . . . . . . . . . . . . | 1655850 |
| e Monsieur . . . . . . . . . . . . | 982359 |
| e Madame . . . . . . . . . . . . | 307000 |
| e Madame Douairiere . . . . . . . . . . . . | 252000 |
| nses . . . . . . . . . . . . | 146513 |
| t ès mains du Roi. . . . . . . . . . . . | 1042000 |
| . . . . . . . . . . . . | 6242828 |
| général du Marc d'or . . . . . . . . . . . . | 24000 |
| nsses . . . . . . . . . . . . | 400000 |
| inaires des Guerres . . . . . . . . . . . . | 16000000 |
| s du Camp . . . . . . . . . . . . | 300000 |
| épenses de l'Extraordinaire des Guerres. . . . | 761030 |
| . . . . . . . . . . . . | 593631 |
| s . . . . . . . . . . . . | 2921298 |
| e des Guerres . . . . . . . . . . . . | 47388 |
| . . . . . . . . . . . . | 482300 |
| . . . . . . . . . . . . | 10822842 |

tous les actes fujets à fignification. Cette
derniere nouveauté excita de grands
cris, & M. Colbert lui-même confeilla
de retrancher ce droit ; la raifon n'en
paroît pas bien évidente, & il femble
qu'il eût encore mieux valu que le Contrôle des exploits eût été un peu plus
fort, que d'augmenter le droit de gros.
Ces fortes d'impofitions paroiffent affez
douces, tant que leur portée n'eft pas
telle que dans les petits intérêts, ils ab-
forbent le fonds. Les détours & les
longueurs de la chicane font un fardeau
mille fois plus onéreux. Si la multiplicité des procédures inutiles multiplie la
perception du droit, c'eft la faute des
procédures ; & il exifte des exemples
de réforme fur cette partie. Après tout,
fi le prix des formalités pouvoit rendre
les hommes juftes, quel plus grand fervice feroit-il poffible de rendre à l'humanité ?

On prévient le lecteur une fois pour
toutes, que l'argent monnoyé étoit à
vingt-fept francs le marc : ainfi les
foixante & dix millions fept cent cinquante-cinq mille cinq cent fept livres
faifoient deux millions fix cent foixante-
dix mille dix-neuf marcs ; lefquels aujourd'hui formeroient cent trente-deux

millions neuf cent foixante - fix mille
neuf cent quarante - fix livres quatre
fols, toutes charges déduites.

Le Roi avoit récompenfé dès l'année derniere les heureux travaux de
M. Colbert, en affociant M. le Marquis de Seignelai fon fils aux fonctions
de fa Charge de Secrétaire d'Etat. La
gloire & la réputation d'un tel pere
étoient une Charge difficile à remplir
pour tout autre ; mais cet illuftre fils
la foutint dignement, & devint le plus
grand Miniftre de Marine peut-être qui
ait exifté en Europe. M. Colbert le lui
avoit promis à certaines conditions,
qui furent remplies affez proprement,
mais qu'il ne ceffoit de lui remettre
fous les yeux chaque jour.

Les grands principes ne font jamais
plus nettement développés que par
l'expérience & la pratique : le pere
voulut donner à fon fils cet avantage
fur lui : il le fit voyager dans tous les
Arfenaux du Roi, en Angleterre, en
Hollande, en Italie.

Le premier voyage fut celui de Rochefort. Qu'il me foit permis d'entrer
dans des détails domeftiques que les
fervices de cette famille ont rendu
fi intéreffans pour l'Etat, & de co-

pier la premiere inſtruction que reçut M. le Marquis de Seignelai, écrite de la main de ſon pere.

*Mémoire pour mon fils , ſur ce qu'il doit obſerver pendant le voyage qu'il va faire à Rochefort.*

« Etant perſuadé, comme je le ſuis,
» qu'il a pris une bonne & ferme réſo-
» lution de ſe rendre autant honnête
» homme qu'il a beſoin de l'être, pour
» ſoutenir dignement, avec eſtime &
» réputation mes emplois ; il eſt ſur-
» tout néceſſaire qu'il faſſe toujours ré-
» flexion & s'applique avec ſoin au ré-
» glément de ſes mœurs, & ſur-tout
» qu'il conſidere que la principale &
» ſeule partie d'un honnête-homme eſt
» de faire toujours bien ſon devoir à
» l'égard de Dieu, d'autant que ce pre-
» mier devoir tire néceſſairement tous
» les autres après ſoi, & qu'il eſt impoſ-
» ſible qu'il s'acquitte de tous les autres
» s'il manque à ce premier. Je crois lui
» avoir aſſez parlé ſur ce ſujet en di-
» verſes occaſions, pour croire qu'il
» n'eſt pas néceſſaire que je m'y étende
» davantage ; il doit ſeulement faire ré-
» flexion que je lui ai ci-devant bien

» fait connoître que ce premier devoir
» envers Dieu se pouvoit accommo-
» der fort bien avec les plaisirs & les
» divertissemens d'un honnête-homme
» en sa jeunesse.

» Après ce premier devoir je desire
» qu'il fasse souvent réflexion à ses obli-
» gations envers moi, non-seulement
» pour sa naissance qui m'est commune
» avec tous les peres, & qui est le plus
» sensible lien de la société humaine,
» mais même par l'élévation dans la-
» quelle je l'ai mis, & par la peine &
» le travail que j'ai pris & que je prens
» tous les jours pour son éducation ; &
» qu'il pense que le seul moyen de s'ac-
» quitter de ce qu'il me doit, est de
» m'aider à parvenir à la fin que je sou-
» haite ; c'est-à-dire, qu'il devienne au-
» tant & plus honnête-homme que moi,
» s'il est possible ; & qu'en y travaillant
» comme je le souhaite, il satisfasse en
» même-tems à tous les devoirs envers
» Dieu, envers moi & envers tout le
» monde, & se donne en même tems
» les moyens sûrs & infaillibles de passer
» une vie douce & commode ; ce qui
» ne se peut jamais qu'avec estime, ré-
» putation & réglement de mœurs.

» Après ces deux premiers points, &

» pour defcendre aux détails de ce qu'il
» doit faire pendant fon voyage, je de-
» fire qu'il commence inceffamment la
» lecture des Ordonnances de Marine
» qu'il trouvera dans Fontanon, Con-
» férence des Ordonnances, & Ordon-
» nances de 1629 ; qu'il emporte avec
» lui les Traités de Clairac, & life
» promptement celui des termes mari-
» times ; & que dans le voyage il s'in-
» ftruife toujours de la Marine avec M.
» de Terron, afin qu'il ne foit pas tout-
» à-fait neuf en cette matiere lorfqu'il
» arrivera à Rochefort ; & je defire
» que pendant le féjour qu'il y fera, il
» employe toujours trois heures du ma-
» tin à l'étude, c'eft-à-dire à la lecture
» dans fon cabinet de tout ce qui con-
» cerne la Marine ; & même quelque-
» fois pour changer de matiere, qu'il
» pourfuive la lecture des Traités que
» je lui ai fait faire fur toutes les plus
» importantes & plus agréables matie-
» res de l'Etat.

» Auffi-tôt qu'il fera arrivé, il doit
» faire une vifite générale de tous les
» Vaiffeaux & de tous les bâtimens de
» l'Arfenal ; qu'il voye & s'inftruife foi-
» gneufement de l'ordre général qui

» s'observe pour faire mouvoir une si
» grande machine.

» Qu'il interroge avec application
» sur tout ce qu'il verra, afin qu'il puisse
» acquérir les connoissances générales,
» pour descendre ensuite aux particu-
» lieres.

» Qu'il se fasse montrer le plan géné-
» ral de toute l'étendue de l'Arsenal,
» tant des ouvrages faits que de ceux
» qui sont à faire, & sçache la destina-
» tion de chaque piece différente, en
» voye la forme & la figure, & en sça-
» che donner les raisons : qu'il écrive
» de sa main les noms de tous les Vais-
» seaux bâtis, & de ceux qui sont en-
» core sur les chantiers, & l'état auquel
» il les trouvera, & en même-tems une
» description de tout l'Arsenal conte-
» nant le nombre des différentes pieces
» & leur usage particulier.

» Ensuite il fera la liste des Officiers
» qui servent dans le Port, depuis l'In-
» tendant jusqu'au moindre Officier ; &
» s'en fera expliquer les principales fon-
» ctions, dont il fera le Mémoire.

» Après avoir pris ces connoissances
» générales, il descendra au particulier.
» Pour cet effet il commencera par la
» visite du Magasin général, laquelle

» il fera avec le Garde-Magafin & le
» Contrôleur ; verra l'inventaire géné-
» ral, & en fera, s'il eft poffible, un
» recollement ; c'eft-à-dire, qu'il fe fera
» repréfenter toutes les marchandifes
» & munitions qui y font contenues,
» pour voir fi elles font en la quantité
» & de la qualité néceffaires ; fur quoi
» il fe fera toujours informer. Il pourra
» même juger fi le Garde-Magafin &
» le Contrôleur font bien leur devoir,
» en voyant fi le Magafin eft propre &
» bien rangé, & fi tout eft en bon or-
» dre, & s'il tient un livre d'entrées &
» iffues, qui eft abfolument néceffaire
» pour le bon ordre.

» Après avoir vû & examiné le Ma-
» gafin général, il vifitera le magafin
» particulier des Vaiffeaux, dont il fe
» fera repréfenter l'inventaire, les exa-
» minera & en fera le recollement com-
» me ci-deffus ; & par ce moyen pourra
» bien connoître la quantité & qualité
» des marchandifes néceffaires dans le
» Magafin général pour l'armement d'un
» auffi grand nombre de Vaiffeaux que
» celui que le Roi a en mer, & pareil-
» lement tout ce qui eft néceffaire pour
» mettre en mer un feul Vaiffeau.

» Enfuite il vifitera tous les atteliers

» des cordages, de l'eſtuve, des voiles,
» des charpenteries, des tonneleries,
» des calfateries, la fonderie, le maga-
» ſin à poudre, & généralement tous
» les ouvrages qui ſervent aux conſtru-
» ctions, agrès & apparaux des Vaiſ-
» ſeaux ; examinera de quelle ſorte ſe
» font tous ces ouvrages, & les diffé-
» rences des bonnes ou mauvaiſes ma-
» nufactures, & ce qui eſt à obſerver
» ſur chacune pour les rendre bonnes
» & en état de bien ſervir.

» Dans le Magaſin général ſont com-
» pris toute l'artillerie, tant de fonte
» que de fer, les armes, mouſquets,
» piques, & autres de toutes ſortes,
» enſemble toutes les munitions de
» guerre.

» Il examinera enſuite les fonctions
» de tous les Officiers du Port, verra
» leurs inſtructions, & fera de ſa main
» un Mémoire de tout ce que chacun
» Officier doit faire pour ſe bien acquit-
» ter de ſon devoir ; & prendra le ſoin
» de les voir & les faire agir chacun
» ſelon ſa fonction, pendant tout le
» tems qu'il ſéjournera audit lieu de
» Rochefort.

» Il s'appliquera enſuite à voir &
» examiner la conſtruction entiere d'un
vaiſſeau

» Vaiſſeau , en verra toutes les pieces
» depuis la quille juſqu'au dernier bâ-
» ton de Pavillon , en écrira lui-même
» les noms , & fera faire un petit mo-
» dele de Vaiſſeau qu'il m'enverra avec
» les noms de toutes les pieces écrits
» de ſa main.

    » Après avoir vû & examiné la con-
» ſtruction entiere d'un Vaiſſeau , &
» avoir ſçu les noms de toutes ſes par-
» ties , il examinera encore l'économie
» entiere de tous les dedans , & l'uſage
» de toutes les pieces qui y ſont prati-
» quées.

    » Il verra placer toutes les denrées ,
» marchandiſes, armes, artillerie, agrès
» & apparaux néceſſaires pour mettre
» un Vaiſſeau en mer, en fera lui-même
» le détail, l'écrira de ſa main, & pren-
» dra le ſoin d'en faire charger & le
» mettre en cet état ; & pour cet effet ,
» s'il arrive aſſez à tems , il pourra pren-
» dre un des Vaiſſeaux que M. le Vice-
» Amiral doit commander ; ſinon il pren-
» dra le Breton qui doit être préparé
» pour le voyage des grandes Indes.

    » Et en même tems qu'il s'appliquera
» à connoître les noms de toutes les
» parties qui ſervent à la conſtruction
» d'un vaiſſeau, & de toutes celles qui

» font néceffaires pour le mettre en
» mer, il fe fera informer de l'ufage de
» chacune piece, & de toute la manœu-
» vre d'un vaiffeau, & de tout ce qui
» fert au commandement & à ladite ma-
» nœuvre. Pour cet effet, il pourra la
» faire faire devant lui, foit dans le
» Port, foit en montant fur les vaif-
» feaux, & allant deux ou trois lieues en
» mer, pour voir le tout ; & en un
» mot fera enforte par fon application
» qu'il puiffe fçavoir le métier de tous
» les Officiers de Marine, tant en mer
» qu'en terre, pendant le féjour qu'il
» fera audit lieu de Rochefort ; enforte
» que non-feulement il puiffe en bien
» parler, mais même qu'il puiffe s'en
» fouvenir pendant toute fa vie, &
» apprendre à donner fes ordres à tous
» les Officiers qui auront à agir.

» Pour parvenir à cette fin, il ne fe
» faut pas contenter de voir & exami-
» ner une feule fois tout ce que je
» viens de dire ; mais il faut le répéter
» & faire fouvent la même chofe, parce
» qu'il n'y a que cette répétition fréquen-
» te, même avec une grande applica-
» tion, qui puiffe imprimer les efpeces
» dans l'efprit & dans la mémoire, en-
» forte qu'elle les repréfente fidelement

» toutes les fois que l'on en a besoin.

» Il doit encore s'informer & sçavoir
» parfaitement toutes les fonctions des
» Officiers d'un vaisseau, lorsqu'il est
» en mer ; sçavoir du Capitaine, du
» Lieutenant, de l'Enseigne, du Maî-
» tre, du contre-Maître, Pilote, Maî-
» tre Charpentier , Maître Voilier ,
» Maître Calfat & Maître Canonier,
» & combien d'hommes chacun d'eux
» commande , & quelles font leurs
» fonctions ; & généralement de tout
» ce qui s'observe pour la conduite
» d'un vaisseau , soit dans un voyage ,
» soit dans un combat.

» Il lira avec soin tous les Regle-
» mens & les Ordonnances qui ont été
» faits & donnés dans la Marine depuis
» que j'y travaille , ensemble mes let-
» tres & les réponses , afin qu'il tire
» par tous ces moyens la connoissance
» parfaite & profonde qu'il est néces-
» saire d'avoir pour se bien acquitter
» de sa Charge , & pour le faire avec
» la satisfaction du Roi , & le bien &
» l'avantage du Royaume.

» Il sera en même tems nécessaire
» qu'il apprenne l'Hydrographie & le
» Pilotage, afin qu'il sçache les moyens
» de dresser la route d'un vaisseau, &

» qu'il étudie aussi la Carte marine.

» Après avoir dit tout ce que je crois
» nécessaire qu'il fasse pour son instruc-
» tion, je finirai par deux points. Le
» premier, est que toutes les peines
» que je me donne sont inutiles, si la
» volonté de mon fils n'est échauffée,
» & qu'elle ne se porte d'elle-même à
» prendre plaisir à faire son devoir ;
» c'est ce qui le rendra lui-même capa-
» ble de faire ses instructions, parce
» que c'est la volonté qui donne le plai-
» sir à tout ce qu'on doit faire, & c'est
» le plaisir qui donne l'application. Il
» sçait que c'est ce que je cherche depuis
» si long-tems. J'espere qu'à la fin je le
» trouverai, & qu'il me le donnera,
» ou pour mieux dire qu'il se le donnera
» à lui-même, pour se donner du plai-
» sir & de la satisfaction toute sa vie,
» & me payer avec usure de toute l'a-
» mitié que j'ai pour lui & dont je lui
» donne tant de marques.

» L'autre point est, qu'il s'applique
» sur toutes choses à se faire aimer dans
» tous les lieux où il se trouvera, & par
» toutes les personnes avec lesquelles
» il agira, soit supérieures, égales ou
» inférieures ; qu'il agisse avec beau-
» coup de civilité & de douceur avec

» tout le monde, & qu'il faffe enforte
» que ce voyage lui concilie l'eftime &
» l'amitié de tout ce qu'il y a de gens de
» mer ; enforte que pendant toute fa
» vie ils fe fouviennent avec plaifir du
» voyage qu'il aura fait, & exécutent
» avec amour & refpect les ordres qu'il
» leur donnera dans toutes les fonctions
» de fa Charge.

   » Je defire que toutes les femaines
» il m'envoye écrit de fa main le Mé-
» moire de toutes les connoiffances qu'il
» aura prifes fur chacun des points con-
» tenus en cette inftruction.

   Puis-je mieux rendre compte des
progrès que fit M. le Marquis de Seignelai, qu'en tranfcrivant ici l'inftruction qu'il fe donna à lui-même lorfqu'il
partit pour l'Angleterre & la Hollande ?

#### *Inftruction pour le voyage de Hollande & d'Angleterre.*

   « Quoique le voyage que je viens de
» faire foit affurément fort utile, &
» qu'il m'ait donné des connoiffances
» que je pourrai mettre en pratique fe-
» lon les occafions, je dois confidérer
» le voyage d'Angleterre & d'Hollande
» tout d'une autre maniere ; je verrai

» les deux Puiffances de mer d'Europe
» qui ont le plus de réputation ; ainfi,
» examinant bien tout ce qu'ils obfer-
» vent, & tout ce qui les a fait réuffir
» dans leurs entreprifes, je prendrai
» des connoiffances fort confiderables,
» & qui me donneront de grandes lu-
» mieres pour la Charge que je dois
» faire ; ainfi il faut donc que je tra-
» vaille avec application non-feulement
» à connoître en général ce qui fait
» mouvoir toute leur Marine, mais
» auffi je dois defcendre dans le détail,
» & tirer de ceux que je trouverai fur
» les lieux, ou de leurs Officiers mêmes
» s'il fe peut, toutes les inftructions
» que je pourrai, pour mettre après en
» pratique dans la Marine du Roi ce que
» je trouverai qu'ils feront mieux que
» nous, & ce que la longue & conti-
» nuelle expérience qu'ils ont à la mer
» leur a appris.

» Je confidérerai combien il eft impor-
» tant que je m'applique extraordinai-
» rement pendant ce voyage, puifque
» j'aurai pendant toute ma vie affaire
» de ce que j'y apprendrai, & que je
» pourrai par ce moyen me mettre en
» état de bien fervir le Roi, & de lui
» paroître bien informé dans les ren-

» contres où j'aurai à lui parler de la
» marine.

» Pour cet effet je m'informerai soi-
» gneusement, & ferai des Mémoires
» de ma main.

» Du nombre des vaisseaux de guer-
» re qu'ils ont dans leurs Ports & à la
» mer.

» De leurs noms.

» Leur port & la quantité de canons ;
» s'ils mettent leurs sabords aussi ou
» plus proche l'un de l'autre que nous.

» La maniere dont ils les disposent.

» Combien de canons de fer ils met-
» tent sur chaque bord, combien de
» canons de fonte.

» D'où ils prennent leurs canons de
» fer.

» Le gabaris de leurs vaisseaux.

» La maniere de leurs constructions.

» La différence qu'il y a entre leurs
» vaisseaux & les nôtres, afin de remar-
» quer les défauts pour les éviter, &
» chercher ce qu'ils ont de meilleur
» pour le suivre ; tâcher d'avoir un de-
» vis exact de toute la construction du
» vaisseau, & de toutes les pieces qui
» y entrent, depuis la quille jusqu'au
» bâton du pavillon ; voir de quelle
» maniere ils chevillent les bordages ;

» en quels lieux ils mettent du fer ou
» du bois ; de quel bois ils se servent.

» Tâcher de sçavoir les raisons qu'ils
» ont pour la construction de leurs
» vaisseaux ; quels avantages ils tirent
» de les faire plus à plate varangue
» que nous, & quels desavantages il
» y a ; les inconvéniens qui nous arri-
» veroient en cas de guerre d'avoir des
» vaisseaux plus taillés qu'eux, & qui
» par conséquent prennent plus d'eau.

» Examiner s'ils se servent de gale-
» ries ou non, & les raisons qu'ils ont
» pour ne s'en point servir.

» Voir si leurs vaisseaux sont plus
» chargés d'œuvres mortes, & plus
» envolumés que les nôtres, ou s'ils
» sont plus fregatés.

» Sçavoir l'opinion qu'ils ont de la
» Marine de France ; en tirer leurs sen-
» timens tant sur les forces du Roi que
» sur les manieres de constructions ; sur
» la bonté des Officiers & des équipa-
» ges, & généralement sur tout ce qui
» regarde notre Marine.

» Sçavoir le nombre des équipages
» qu'ils mettent sur chaque vaisseau.

» Combien de matelots.

» Combien de soldats.

» Combien d'Officiers mariniers.

» Leurs noms.                    » Com-

» Combien de hauts Officiers.

» Si je pouvois trouver quelque ha-
» bile Capitaine ou bas Officier, il
» faudroit tirer de lui:

» Les noms de tous les Capitaines,
» Lieutenans, &c.

» Leur mérite particulier & l'estime
» qu'ils ont dans leur Corps.

» Leurs fonctions tant en guere qu'en
paix, en gros tems & en calme.

» Les fonctions des Officiers mari-
» niers, & comment ils font disposés
» sur chaque bord, tant en gros tems
» qu'en calme.

» Ce qu'ils observent pour la manœu-
» vre du canon & du Pilotage, & pour
» toutes les autres manœuvres du vais-
» seau.

» Quels Officiers ils ont pour cela.

» Les fonctions des grands Officiers,
» comme Amiraux, vice-Amiraux,
» contre-Amiraux & Chefs d'Escadre,
» s'ils en ont. Enfin sçavoir générale-
» ment toutes les fonctions desdits Offi-
» ciers depuis l'Amiral jusqu'aux Mous-
» ses de chaque vaisseau.

» Sçavoir tout ce qu'ils observent de-
» puis que la rouche du vaisseau est
» achevée pour le mâter, l'agréer, l'ar-
» mer & lester, le sortir des Ports, le

*Tome III.* G

» mettre en rade, le gouverner dans le
» calme & dans le gros tems, & dans
» le tems de combat.

» Sçavoir s'ils ont Majors & Aides-
» Majors, & quelle est leur fonction.

» Examiner & faire une description
» exacte de toutes les différentes sortes
» de bâtimens dont ils se servent dans
» les Ports & dans la navigation, tant
» pour la marchandise que pour la
» guerre.

» Observer & faire dessiner les ma-
» chines dont ils se servent pour le cu-
» rement de leurs Ports.

» L'ordre qu'ils tiennent pour le dé-
» lestage, & les lieux destinés pour jet-
» ter ledit leste.

» Tous leurs ouvrages & digues pour
» garantir leurs pays des inondations,
» ensemble tous les ouvrages qui se font
» pour leurs Ports.

» La manière dont ils ont bâti leurs
» môles.

» Comment ils ont mis leurs vais-
» seaux à couvert du vent ; faire faire
» les desseins & la description, & voir
» les effets que chaque ouvrage a pro-
» duit.

» Comme la propreté d'un vaisseau
» & le soin qu'on prend de le nettoyer

» est extrêmement confidérable, & ca-
» pable de conferver ledit vaifleau beau-
» coup plus long-tems ; il faut obferver
» ce qu'ils font pour tenir leurs vaif-
» feaux propres & en bon état , com-
» bien de fois ils le grattent & gou-
» dronnent , combien de fois & com-
» ment ils le calfâtent.

» La maniere dont ils carenent , &
» s'ils ont des formes ou non.

» Examiner avec une fort grande ap-
» plication tout ce qui fe pafle dans leurs
» magafins, l'ordre qu'ils tiennent pour
» l'entrée & la fortie des marchandifes,
» & la maniere dont elles font rangées.

» Tout ce qui fe fait pour les conftruc-
» tions & radoubs des vaifleaux , de-
» puis que la quille eft pofée , jufqu'à
» ce que le vaifleau foit à la mer ; com-
» ment ils achetent leurs bois, les lieux
» d'où ils les font venir , combien ils
» en ont dans leurs magafins, comment
» ils font rangés , toutes les machines
» qu'ils ont pour la facilité de leur conf-
» truction & de leur radoub.

» Sçavoir s'ils font leur conftruction
» à prix faits ou à journées.

» Si à prix faits, combien ils donnent
» de chaque vaifleau , foit en fournif-
» fant le bois par eux , foit par le Char-
» pentier.                              G ij

» Si à journées, examiner bien par-
» ticulierement de quelle sorte les ou-
» vriers travaillent, à quelle heure ils
» entrent & sortent des atteliers, qui
» en tient les rôles, qui les paye, le
» prix de leur journée, & générale-
» ment tout ce qui se pratique pour la
» bonne police, l'économie & le bon
» ménage.

» Examiner la quantité & qualité
» des marchandises qui sont dans les
» magasins, comme fer, ancres, chan-
» vres, goudrons, mats, canons de
» fer & de fonte; en sçavoir les prix
» au juste; sçavoir d'où & de quelle
» maniere ils les font venir pour les
» avoir à bon compte, & générale-
» ment tout ce qui se pratique pour
» avoir le tout bon & à bon prix.

» Il faut sçavoir aussi de quel fer ils
» se servent dans leurs forges, & d'où
» ils le font venir.

» Comment ils font travailler à leurs
» ancres, ou à journée, ou à prix faits.

» Savoir les prix faits & les marchés.
» S'ils les font faire à journée, de com-
» bien d'hommes ils se servent pour fa-
» briquer une ancre, de quatre, cinq,
» six ouvriers, & combien de jours on
» y employe; observant l'état auquel

» font les pieces defdites ancres, fi les
» pattes, verges & bras font en état
» qu'il n'y ait plus qu'à les joindre; com-
» bien ils payent les ouvriers qui font
» les mêmes ferremens.

» Pour la Corderie, favoir d'où ils
» prennent les chanvres, & comment
» ils le peignent, le filent & le commet-
» tent, fi à journée ou à prix faits.

» De quelle maniere ils fe goudron-
» nent, en fil de carret ou en cordage.

» L'utilité qu'on retire de le goudron-
» ner en fil de carret, eft que le goudron
» pénetre davantage; il fe fait au Havre
» de cette maniere; mais d'un autre côté
» il ne fue pas; & il eft dangereux que
» l'humidité reftant, il ne pourriffe ledit
» cordage.

» Obferver s'ils ont des prix faits,
» fçavoir les prix faits avec les pou-
» lieurs, menuifiers, fculpteurs, lanter-
» niers, & autres, ou s'ils travaillent à
» journée.

» Examiner ce qui concerne la fonde-
» rie des canons.

» Obferver enfin en détail tout ce
» qui fe pratique dans tous les Arfenaux
» de Marine, dans toutes les fonctions
» & métiers qui en dépendent, pour
» profiter, dans notre Marine, de leur

» longue expérience, & de tous les
» moyens qu'ils pratiquent pour la di-
» ligence, la bonté & l'économie.

» Savoir comment ils levent & payent
» les équipages de chaque vaiſſeau ; ſi
» c'eſt devant ou après ; de quelle ma-
» niere les décomptes ſe font aux Equi-
» pages ; combien on donne à chaque
» matelot, à chaque ſoldat, & à cha-
» que Officier marinier.

» La ſolde des Officiers pour en faire
» le rapport avec celle du Roi, & en
» connoître les différences.

» Savoir pour cela les différences de
» leurs monnoies aux nôtres.

» Examiner avec ſoin de quelle ma-
» niere les vivres ſont fournis, ſi par un
» Munitionnaire ou par les Capitaines.

» Le prix de chaque ſorte de victuail-
» les ; de quelle ſorte la diſtribution en
» eſt faite, & la maniere dont toutes les
» marchandiſes ſont diſpoſées.

» Savoir combien de gardiens ils met-
» tent à bord dans le Port, & la police
» qui s'obſerve pour la place deſdits
» vaiſſeaux, & pour leur nettoyement.

Quelqu'étendues que puiſſent paroître ces connoiſſances à beaucoup de
Lecteurs, ceux qui ont une idée juſte
de la Marine, & de l'adminiſtration de

cette grande partie , feront bien éloignés de les croire fuffifantes pour un Miniftre, Il lui eft indifpenfable de connoître l'éducation des Officiers de Marine dans les pays où elle eft la plus la brillante , & perfectionner celle qu'on leur donne dans fon pays ; de réfléchir profondément fur les motifs de l'émulation , fur les expédiens les plus propres à l'entretenir & à l'augmenter, parce qu'elle feule produira des hommes propres au commandement & aux grandes opérations. Exempt de préjugés il faut qu'il fçache en même tems nourrir ceux qui font utiles au maintien des bonnes inftitutions , & modifier à propos leur application en faveur du fervice public.

Ce feroit retrécir la fphere de ces devoirs que de s'en tenir à ces vûes & à ces détails. Sans Commerce & fans Colonies, la Marine d'un Etat feroit très-foible , & toute dépenfe à cet égard feroit fuperflue. La confervation & l'agrandiffement de ces deux parties font la matiere d'une infinité de combinaifons politiques.

La population des Colonies, leur culture , leur police civile & militaire, comprennent tous les détails du Gou-

vernement : c'eſt, pour ainſi-dire, le
ſoin d'un Etat particulier, qu'il faut
rendre heureux & floriſſant, parce qu'il
fait partie du grand Empire, & qu'il
accroîtra ſa proſpérité. Auſſi les autres
Nations qui poſſedent des Colonies ont-
elles un Conſeil particulier pour leur
adminiſtration, parce qu'il eſt, humai-
nement parlant, impoſſible qu'un ſeul
homme raſſemble toutes les connoiſſances eſſentielles à un bon gouvernement.

La liberté, la protection, l'encouragement de la Navigation, de la Pêche,
& du Commerce, exigent une vigilance & peut-être une ambition auſſi
étendue que ſuivie, des principes ſûrs
appliqués avec conſtance & fermeté.

La moindre erreur, la plus legere
négligence dans les combinaiſons qu'offre cette grande adminiſtration, deviennent, pour l'ordinaire, des coups
funeſtes à la puiſſance maritime d'un
Etat. De-là dépend la ſubſiſtance & le
nombre de cette milice précieuſe qui
enrichit l'Etat pendant la paix, qui le
défend pendant la guerre, & ſans laquelle les Arſenaux militaires ne ſont
qu'un vain appareil.

Les vûes ſur le Commerce & les Co-

lonies entraînent la connoiffance exacte
& détaillée de tout ce qui concerne les
mêmes parties dans les Etats voifins ; de
ce qu'il eft poffible d'entreprendre contre les ennemis de l'Etat ; de l'effet des
pertes qu'ils peuvent effuyer ; des
moyens les plus capables de s'affurer
des fuccès , ou de fe les préparer pendant la paix comme dans la guerre ; des
deffeins qu'ils peuvent concevoir à leur
tour ; des mefures qu'il convient à la
prévoyance de leur oppofer.

Si à ces diverfes études, à des réflexions fur la force des pofitions & l'é-
tendue des reffources réciproques , on
ne joignoit quelques méditations fur les
plus célebres expéditions maritimes ,
fur les manœuvres , & les actions re-
marquables des grands hommes de tout
pays, fur leurs maximes dans le métier
de la mer, & fur l'application qu'ils en
ont faite, il feroit difficile d'être affuré
qu'on a mis les hafards en fa faveur autant que le comporte la prévifion humaine ; on diftingueroit mal les occafions où la bonne conduite , la fineffe
des mefures, quelquefois même l'auda-
ce , font capables de fuppléer aux forces réelles, de celles où il feroit dangereux d'entreprendre fans la certitude

de réussir. Dans tous les tems on a vû
de grandes choses manquer ou réussir
par de petits moyens, & l'oubli des ex-
périences passées reproduit de tems en
tems ces scenes extraordinaires.

Avec tant de qualités acquises on
pourroit cependant ne pas sortir de la
médiocrité sans cette chaleur de volonté, & cette activité de génie à laquelle
rien ne peut suppléer, & qui caractéri-
soit particulierement M. Colbert.

Ce ne seroit pas une moindre erreur
d'imaginer qu'avec du zele, des no-
tions générales & le secours des subalternes on parviendroit facilement à remplir son objet. On ne sçauroit trop répe-
ter que le tems des études profondes est
passé lorsque le tourbillon des affaires
nous entraîne par sa rapidité. Si l'on
n'attend les principes que de l'expérience des cas particuliers, ces principes s'établiront lentement ; & les in-
certitudes où l'on tombera continuellement conduiront à l'indécision dans
les affaires, c'est-à-dire, au plus grand
des malheurs après la perte de l'émulation parmi ceux qu'on gouverne. Le
secours ses subalternes ne produit jamais cette réunion de vûes, cette har-
monie d'opérations qui fait la force

d'une administration active & vigou-
reufe. Ce fecours peut même devenir
dangereux dès qu'ils le fentent néceffaire : la réalité du pouvoir ne tarde
pas à paffer entre leurs mains : eux-mêmes infpirent les ordres dont on leur
commet l'exécution ; fi les abus s'in-
troduifent , l'autorité fe trouve forcée
de les légitimer & de les juftifier. Une
pareille ufurpation n'a prefque jamais
produit que la confufion & le defordre
dans les affaires , & une ligue décidée
contre les gens de bien & les fujets éclairés.

M. Colbert, qui connoiffoit la néceffité de fe rendre capable d'éclairer ceux
qu'on employe , ajouta beaucoup de
chofes à l'inftruction qu'on vient de
lire. Chaque objet fut la matiere d'une
infinité de mémoires particuliers que
lui envoyoit fon fils. Celui-ci faifit
d'une maniere furprenante les vûes &
l'efprit de fon pere ; fe rendant habile
dans les plus petits détails ; allant lui-
même dans les Provinces qui pouvoient
fournir abondamment des bois à la marine ; reconnoître les facilités du tranfport, la qualité des bois; s'informant
du prix fur les lieux, des frais de l'exploitation & du tranfport ; mêmes re-

cherches fur les manufactures de tout ce qui entre dans l'armement des vaiſ-feaux ; enfin fur chacune des parties qui pouvoient le conduire à l'écono-mie. Si j'avois à travailler fur la Mari-ne, je quitterois avec peine ces beaux recueils, tous écrits de la main de M. le Marquis de Seignelai : mais je me con-tente d'en avoir tiré de quoi donner une idée de fes connoiſſances & de ſon tra-vail. M. Colbert, tant qu'il vécut, re-vit tout par lui-même en ami, en pere, en Miniſtre. Ses confidences les plus ſe-cretes reſpirent un amour & un reſ-pect ſingulier pour la perſonne du Roi, & pour ſes connoiſſances ; un zele pour le Public, pour la juſtice & la vérité au-deſſus de l'éclat de toutes les gran-deurs.

Mon objet ne me permettant pas de m'étendre davantage fur la Marine, je me borne à donner les titres principaux de l'inſtruction qui regardoit le dépar-tement de la Marine. Ils ne renferment pas un ſeul mot qui ne ſoit important.

» 1°. Le Roi veut toujours avoir en » mer, dans les Ports, & Arſenaux de » Marine cent vingt vaiſſeaux de guer-» re, ſçavoir :

En tout 194 Bâtimens partagés en cinq différens Arsenaux.

Toulon,....  } Pour le Levant.

Rochefort,
Brest,
Le Havre,
Dunkerque,  } Pour le Ponent.

30 Frégates legeres.
20 Brulots.
24 Flutes.
——
74.
120.

1er rang.. 12
2e .... 23
3e .... 33
4e .... 23
5e .... 29

» 2°. Le Roi veut toujours avoir de
» puissantes Escadres en mer.

» 3°. Sa Majesté veut que ses Arse-
» naux de Marine soient toujours bien
» fournis & assortis de toutes les mar-
» chandises nécessaires, pour l'arme-
» ment & l'équipement des Vaisseaux.

» 4°. Sa Majesté veut que les achats
» de toutes les armes, marchandises &
» munitions se fassent avec grande éco-
» nomie, & qu'il soit continuellement
» travaillé à perfectionner & maintenir
» tous les établissemens qu'Elle a faits
» dans son Royaume.

» 5°. Le Roi veut avoir de bons Of-
» ficiers de Marine, & qu'ils soient fort
» exercés.

» 6°. Le Roi veut qu'il soit établi
» des Ecoles de Pilotage, & de Cano-
» niers dans les Ports.

» 7°. Le Roi veut achever l'enrôle-
» ment général de tous les matelots de
» son Royaume.

» 8°. Le Roi veut que la Marine soit
» reglée par des Ordonnances.

» 9°. Le Roi veut que toutes les
» Mers soient nettoyées de Pirates ; que
» tous les Marchands soient escortés,
» favorisés & protégés dans leur Com-
» merce.

On ne peut se dispenser de rapporter ici les belles paroles suivantes :
» *C'est à quoi mon fils doit s'appliquer ;*
» *il faut qu'il sente aussi vivement tous*
» *les desordres qui arriveront dans le Com-*
» *merce, & toutes les pertes que feront les*
» *Marchands, comme si elles lui étoient*
» *personnelles.*

» 10°. Le Roi veut qu'il soit fait une
» description exacte de toutes les Cô-
» tes, & qu'il soit toujours travaillé
» dans ses Ports à dresser des Cartes
» marines sur les rapports & les jour-
» naux de ses Vaisseaux de guerre.

Les avantages que la France avoit retirés de la franchise du Port de Marseille éclairerent le Ministre sur les véritables facilités qui donnent de l'activité au Commerce. Il fit rendre une Déclaration qui peut être regardée comme un des expédiens des plus habiles qu'il ait employés, & qui mérite d'avoir place ici.

### *Déclaration du Roi pour l'Etape générale dans les Villes Maritimes.*

« LOUIS, &c. L'application que
» nous continuons de donner au réta-
» blissement & augmentation du Com-

» merce de notre Royaume , nous fai-
» sant découvrir de tems en tems les
» nouvelles graces que nous pouvons
» accorder , pour parvenir à une fin
» qui doit augmenter la fortune & l'a-
» bondance de tous nos Sujets ; nous
» avons trouvé qu'outre celles que nous
» avons accordées par nos Tarifs & Dé-
» claration du mois de Septembre 1664,
» tant pour la diminution de tous nos
» droits , que par l'établissement du
» transit & de l'entrepôt , nous pou-
» vions encore augmenter la commo-
» dité des Négocians dans notre Royau-
» me , de quelques pays & Nations
» qu'ils soient , en leur donnant la fa-
» cilité de se servir de nos Ports , com-
» me d'une étape générale pour y te-
» nir toutes sortes de marchandises , soit
» pour les vendre à nos Sujets , soit
» pour les transporter hors de notre
» Royaume, en leur faisant restituer les
» droits d'entrée qu'ils pourroient avoir
» payés. A CES CAUSES , dé l'avis de
» notre Conseil, & de notre certaine
» science , pleine puissance & autorité
» Royale, Nous avons ordonné & dé-
» claré par ces présentes signées de no-
» tre main , ordonnons , déclarons ,
» voulons & nous plaît qu'à l'avenir,
» &

» & à commencer du jour de l'enregis-
» trement & publication du présent Édit
» en nos Cours des Aides de Paris &
» Rouen, tous Marchands, tant nos
,, sujets qu'étrangers, qui feront entrer
,, des marchandises dans nos Ports &
,, Villes maritimes, desquelles ils n'au-
,, ront point fait leur déclaration, pour
,, jouir de l'entrepôt porté par nosd. Let-
,, tres de Déclaration du mois de Sep-
,, temb. 1664, pourront pendant le tems
,, des Baux de nos Fermes, & un an
,, après l'expiration de chacun d'iceux,
,, recharger lesdites marchandises pour
,, les transporter dans les pays étran-
,, gers, sans payer aucuns droits de
,, sortie : & en ce cas, Nous voulons
,, & entendons que nosdits Fermiers
,, leur rendent & restituent les droits
,, d'entrée qu'ils justifieront avoir payés.

On a déja dû remarquer qu'en 1664
l'entrepôt avoit été établi dans quelques Ports pour les marchandises du
Royaume destinées pour l'étranger. Son
ombre subsiste encore aujourd'hui, mais
presque sans utilité pour l'Etat, parce
que les termes ont été successivement
réduits. Cette nouvelle opération étoit
infiniment supérieure ; on en a démontré plus haut l'importance & la nécessi-

té pour le Commerce du Nord. Si l'on ne s'étoit pas départi de ces grands principes après la mort de M. Colbert, la France feroit depuis long-tems l'entrepôt du Commerce de l'Europe.

La clause qui fpécifie que les marchandifes étrangeres pourront fortir librement & avec reftitution des droits dans toute l'étendue du Bail dans le cours duquel elles feroient entrées, étoit relative à la maniere dont les Fermes générales étoient alors adminiftrées. Pendant tout le miniftere de M. Colbert, comme fous celui de M. de Sully, elle s'adjugeoient réellement à l'enchere publique, & les Compagnies n'étoient compofées que de fujets utiles. La reftitution des droits d'entrée d'un Bail à l'autre eût caufé trop d'embarras dans le cas d'un changement de Compagnie, & c'étoit un défaut confidérable dans cette opération : un entrepôt doit être également libre dans tous les tems. Il eft furprenant qu'un Miniftre auffi clairvoyant & auffi bien intentionné pour le Commerce, n'ait pas mis en régie, non pas les Fermes, mais les Traites ; car fans cela jamais le Légiflateur n'eft le maître de la fortune du Commerce de fon Etat.

Un autre vice de la maniere dont cet entrepôt étoit difposé, c'étoit de mettre les Négocians en avances de groffes fommes pour le payement des droits, & dont l'intérêt renchériffoit évidemment les marchandifes.

Il fembleroit poffible d'éviter ces divers inconvéniens dans l'établiffement d'un entrepôt général dans nos Ports.

Il eft inutile que cet entrepôt dure plus de quinze mois ; ce tems fuffiroit pour les fpéculations, & la régie du Fermier en feroit plus facile ; c'eft-à-dire, que l'on auroit quinze mois dans nos Ports pour entrepofer les marchandifes qui fortent du Royaume, & quinze mois pour faire fortir celles qui viendroient du dehors fans payer de droits. On donneroit fimplement à l'arrivée caution du payement des droits, & le Négociant feroit obligé de repréfenter ces marchandifes toutes fois & quantes dans l'intervalle, fous peine du payement quadruple des droits.

Au bout des quinze mois révolus, le droit feroit acquitté fous quelque prétexte que la marchandife fe trouvât dans le Port.

Les marchandifes étrangeres qui fortiroient de la Ville pour entrer dans le

Royaume , payeroient en fortant les droits auxquels elles font foumifes par les Tarifs : les marchandifes de France foumifes à un droit de fortie le payeroient lors de l'embarquement.

Cet arrangement , fimple dans fa forme , ne porteroit aucun préjudice aux Fermes, puifque tout ce qui eft foumis à des droits les payeroit : il occafionneroit des fpéculations & des réexportations qui ne fe font pas , & qui feroient infiniment utiles à l'Etat : fur cet article, la Ferme ne perdroit que la faculté d'exercer un droit qu'elle ne perçoit pas dans le fait , puifque fur le pied où font les chofes , il eft impoffible de fpéculer fur les réexportations en France. Le Négociant n'avançant les droits que lors de la vente , feroit en état avec de moindres capitaux d'entretenir dans nos Ports l'abondance des matieres premieres , que nous fournit l'étranger , & dès-lors de nous les procurer à meilleur marché.

## ANNÉE 1671.

Les Hollandois fe réfolurent enfin à défendre l'entrée des vins , eaux-de-vie, & manufactures de France , fur le

refus que l'on fit de modérer le tarif de
1667 en leur faveur. Cette démarche
hardie étoit cependant moins impru-
dente en ce moment qu'en aucun autre. Ils sentoient que nous n'avions pas
encore assez de Vaisseaux pour faire
nous-mêmes toute notre navigation :
ils espérerent même d'irriter la fierté
d'un Monarque victorieux, & de l'a-
mener de lui-même à une guerre qui
seroit certainement fatale à ses nouveaux établissemens ; tandis que l'intérêt des autres Puissances de l'Europe
à défendre leur Pays les rassuroit du côté de la terre. Un Conseil qui fût re-
jetté eût fait cependant échouer toute
leur politique ; & tel est le prix du moment qu'ils obtinrent enfin leurs deman-
des d'un ennemi victorieux ; mais sans
prévenir les évenemens, tirons de cette
leçon qu'ils nous ont donnée l'instruc-
tion qu'elle porte ; observons quelle
supériorité un Peuple acquiert sur un
autre, lorsqu'il s'est emparé de son
Commerce actif. C'est dans le Commerce même de nos denrées que ces
Républiquains, naturellement pacifi-
ques, avoient puisé assez de force
pour nous nuire & nous braver. Il est
en même tems très-vraisemblable que,

fi l'on n'en fût point venu à une rup-
ture aufli prompte, ils s'étoient porté
eux-mêmes le coup fatal. M. Colbert
avoit pris des mefures avec les Ham-
bourgeois, les Danois, les Suédois,
pour animer leur navigation dans nos
Ports ; & les fecours qu'il donnoit à la
nôtre étoient de nature à caufer en
cinq à fix ans aux Hollandois, par des
moyens paifibles, un repentir éternel
de leur démarche.

On ne rend point affez de juftice à
l'activité de notre Nation ; elle n'a befoin que d'être aidée ; le Commerce de
l'Amérique en fournit une bonne preuve. M. Colbert réduifit cette année les
droits d'entrée fur les denrées de l'A-
mérique à trois pour cent, & exempta
de droits de fortie toutes celles qui y
feroient portées. On comptoit déja
cent Vaifleaux dans nos Ports deftinés
à ce feul Commerce, depuis deux ans
qu'il étoit libre. Les Hollandois cependant continuoient d'y porter beaucoup
de marchandifes, & entr'autres des
bœufs falés que nous ne pouvions fournir à aufli bon marché qu'eux. Dès le
mois de Janvier de l'année fuivante,
cette branche de Commerce leur fut
enlevée pour toujours au moyen d'une

gratification de quatre livres par baril de bœuf fortant de nos Ports pour les Colonies. Plus de la moitié de la France fut révoltée contre cette prodigalité prétendue ; on crioit à la diffipation des Finances : il eût bien mieux valu, difoit-on, diminuer les entrées, donner des penfions aux Officiers, augmenter les gages des Charges de Robe. Le Peuple jouoit fon rôle ; le Miniftre fit le fien, il réuffit. On doit cependant obferver que le Roi ne payoit que la moitié de cette gratification, & qu'il fit payer l'autre par la Compagnie fur les droits qu'elle s'étoit réfervés.

Ces dépenfes extraordinaires n'étoient pas les feules du Gouvernement : les Fortifications de Dunkerque commencées en 1665, furent achevées ; l'Hôtel des Invalides fut commencé ; des leçons publiques de Chirurgie & de Pharmacie furent établies au Jardin Royal ; une Académie d'Architecture fut fondée ; les autres dépenfes en bâtimens continuoient toujours.

Il paroît qu'en cette année les impofitions montoient à cent quatre millions cinq cent vingt-deux mille fix cent trente-une livres, y compris le don gratuit du Clergé de deux millions deux

cent mille livres accordé l'année précédente, mais que la recette ne pouvoit être évaluée qu'à foixante-dix-fept
millions fix cent quarante-huit mille
neuf cent onze livres, les charges &
diminutions déduites. Il falloit prélever quatre millions qui reftoient à remplacer fur le manque de fonds de l'année 1670, & les dépenfes du Gouvernement qui fuivant le projet montoient
à foixante-quatre millions huit cent quatre-vingt deux mille livres, y compris
trois millions deftinés aux rembourfemens ; reftoient par conféquent en épargne huit millions fept cent foixante-
fix mille neuf cent onze livres.

Mais les préparatifs de la guerre tant
au dedans qu'au dehors, avec diverfes
augmentations fur les Bâtimens & en
comptans entre les mains du Roi, formerent une augmentation de dix millions huit cent cinquante-un mille fix
cent vingt-fept livres fur la dépenfe ;
ainfi il fallut rejetter fur la recette de
1672 la fomme de deux millions quatre-vingt-quatre mille fept cent feize
livres.

Pour remplir cette fomme & pourvoir aux dépenfes extraordinaires que
la guerre alloit occafionner, on eut recours

eours à divers expédiens. Le Roi retira les poftes étrangeres qu'il avoit abandonnées à M. de Louvois comme une gratification, & M. Colbert les afferma pour trois ans . . . . . . . . . . . . . . .

liv.

2700000

La création de douze Subftituts du Procureur Général du Grand-Confeil valut . . . . .

60000

Les Officiers des Greniers à fel furent réduits du nombre de dix-huit cent quatre-vingt-quatre à mille vingt-trois. Les gages des huit cent foixante-un fupprimés, montoient à deux cent trente mille quatre livres ; ils furent réunis aux Offices des réfervés au denier feize, en payant trois millions fix cent quatre - vingt mille foixantequatre livres, fur quoi fut prélevée la fomme de deux millions trois cent vingt mille trente-deux livres pour le remboursement des fupprimés ; revenoit au Roi . . . . . . . . . . . .

1360032

Une opération du même genre à-peu-près réduifit à douze le nombre des Tréforiers de France dans chaque Bureau. Les

4120032

liv.

De l'autre part... 4120032

gages des fupprimés furent repartis entre les réfervés , les
Receveurs généraux & les Receveurs des Tailles au denier
quatorze : mais cette efpece de
taxe fur les Receveurs fit tort
à leur crédit ; &, comme on le
fit obferver à M. Colbert, il
ne convenoit pas de leur faire
prendre d'autorité au denier
quatorze, des augmentations de
gages qu'ils euffent dû acquérir au cours de la place au denier dix-huit. Les Tréforiers de
France fe feroient contentés
d'une partie des gages des réfervés & de la permiffion de payer
l'annuel qui leur étoit refufée
depuis long-tems : le Roi eût
gagné deux cent mille livres de
rente fur les gages & un million
fur la finance payée par les réfervés ; mais le befoin commande ; & moyennant la diftribution faite de la totalité des
gages , cette affaire produifit... 3900000

On fit un traité pour les

8020032

De l'autre part... 8020032

francs-fiefs dans le reffort des Parlemens de Rouén & & de Paris, qui occafionna de grandes recherches. Quoique les formalités euffent été prefcrites de maniere à éviter les vexations, elles furent telles qu'on fut obligé en 1673 d'informer contre les Régiffeurs. N'étoit-il pas plus naturel d'impofer annuellement le vingtieme fur les fiefs poffédés par les roturiers, que de l'exiger au bout de vingt ans avec des formalités confidérables & d'une maniere tout-à-fait ruineufe ? car les feules perfonnes affujetties à ce droit font celles qui n'out pas eu le moyen d'acquérir des priviléges ; affûrément une année entiere du revenu prife à-la-fois fur une fortune médiocre, eft bien capable de la déranger. Par une inconféquence finguliere on propofa aux particuliers le rachat perpétuel du droit de franc-fief, tandis qu'on demandoit un fupplément d'une année à ceux qui l'avoient racheté en 1656, évalué . . . . . . 280c000

A ce traité on joignit ce-

I ij

|  | liv. | liv. |
|---|---|---|
| De l'autre part.... | 2800000 | 8020032 |

lui de l'hérédité des Notaires , Tabellions , Procu-
reurs, Huiffiers & Sergens,
évalué . . . . . . .   400000

Celui du refte des amen-
des provenant de la réformation des forêts , évalué..   300000

Celui des revenans-bons
des Chambres des Comp-
tes, évalué . . . . .   1000000

Celui de la création de
divers Offices fans gages...   100000

La furvivance des Offices
des Maréchauffées . . .   330000
                          ─────────
                          4930000

A la remife du fixiéme , net...   4108334

Il fut encore payé pour l'annuel par la Chambre des Comp-
tes de Montpellier . . . . . .   300000

*Idem* par la Cour des Monnoyes . . . . . . . .   100000

*Idem* par le Parlement de
Metz . . . . . . . . .   200000

Pour les Survivances de Se-
crétaire du Roi , il fut porté au
Tréfor Royal . . . . . . .   1600000
                              ─────────
Total. . . . . .   14328366
                   ─────────

D'ailleurs partie de ces fonds ne ren-

# ETAT DES REVENUS

## *DE 1672.*

|  | liv. | fol |
|---|---|---|
| ...es . . . . . . . . . . | 2971548 | 18 |
| Lyonnois . . . . . . | 1266126 | 10 |
| ...vence & Dauphiné . . . . . . . . . | 1508712 | 3 |
| ...guedoc & Rouffillon. . . . . . . . . . | 1502283 | 1 |
| ...érale de Metz . . . . . . . . | 250000 | |
| ...etagne . . . . . . . . . . | 66196 | 11 |
| ...: & Recette des Finances de Bourgogne. | 700000 | |
| ... Finances de Languedoc . . . . . . . . | 70000 | |
| ...rale des Domaines. . . . . . . . . . . | 3400000 | |
| ...: Lorraine . . . . . . . . | 800000 | |
| ...d'Artois. . . . . . . . . . | 300000 | |
| ...ts & Aides des Pays conquis. . . . . . | 1200000 | |
| ...: de Bretagne. . . . . . . . | 1100000 | |
| ...guedoc . . . . . . . . . | 1700000 | |
| ...vence . . . . . . . . . . . . . | 500000 | |
| ...rgé . . . . . . . . . . . . | 1100000 | |
| ...fuels . . . . . . . . . . . . | 2600000 | |
| . . . . . . . . . . . | 600000 | |
| ...érale de Navarre & Béarn . . . . . . | 100000 | |
| ...érale des Pays d'Elections . . . . . . | 27104287 | 10 |
| Total . . . . . . . . . . . . | 75579154 | 14 |

# ET DES DEPENSES DE L'ETAT,

*églement fait par le Roi à Dunkerque au mois de N
1671, pour l'Année 1672.*

| | |
|---|---|
| ales. . . . . . . . . . . . . . . . . . . . . . . . . . | 8500000 |
| e à caufe de l'équipage d'armée. . . . . . | 300000 |
| . . . . . . . . . . . . . . . . . . . | 2000000 |
| llemagne . . . . . . . . . . . . . . . | 2468000 |
| . . . . . . . . . . . . . . . . . . | 3000000 |
| . . . . . . . . . . . . . . . . . . | 1200000 |
| . . . . . . . . . . . . . . . . . | 400000 |
| mains du Roi. . . . . . . . . . . . . . . | 800000 |
| . . . . . . . . . . . . . . . . . . . | 100000 |
| & Voyages . . . . . . . . . . . . . . | 500000 |
| traordinaires . . . . . . . . . . . . . . . | 2000000 |
| . . . . . . . . . . . . . . . . . . | 7000000 |
| . . . . . . . . . . . . . . . . . . | 1500000 |
| s du dedans du Royaume . . . . . . . . . | 800000 |
| s . . . . . . . . . . . . . . . . . | 200000 |
| & Manufactures . . . . . . . . . . . . . . | 150000 |
| ction . . . . . . . . . . . . . . . . . | 300000 |
| ablics . . . . . . . . . . . . . . . . | 100000 |
| s . . . . . . . . . . . . . . . . . | 100000 |
| iens . . . . . . . . . . . . . . . . | 200000 |
| . . . . . . . . . . . . . . . . . | 2200000 |
| re des Guerres. Artillerie & Fortifications | |

tra qu'en 1673, 1674, & 1675. On liquida auſſi les aliénations ſur les gabelles de Provence, Dauphiné & Lyonnois : le rembourſement en fut réglé en ſix payemens d'année en année, le fonds employé ſur les états avec l'intérêt au denier dix-huit.

## ANNÉE 1672.

Cette année les revenus étoient de ſoixante-quinze millions cinq cent ſoixante-dix-neuf mille cent cinquante-quatre livres, quatorze ſols & onze deniers, charges déduites, ſuivant le détail. Le projet de dépenſe montoit à ſoixante-onze millions trois cent trente-neuf mille vingt livres.

Il fut dépenſé de plus que dans le projet trois millions trois cent huit mille quinze livres. Les appointemens du Conſeil & penſions de ſix millions deux cent trente-deux mille livres n'y étoient point compris ; ainſi il falloit conſommer ſur 1673 la ſomme de cinq millions deux cent quatre-vingt dix-neuf mille huit cent quatre-vingt onze livres.

M. Colbert deſiroit que le projet de dépenſes fût plus fort ſur certains articles ; voici ſes obſervations.

« La Marine peut être considérée sous
» trois points de vûe. Pour la seule
» guerre défensive, on peut se conten-
» ter d'une dépense de quatre millions.
» Pour maintenir le Commerce, l'enle-
» vement de nos denrées qui ne peut
» plus être fait par les étrangers ; pour
» conserver le Commerce de la Médi-
» terranée & l'ôter même aux Hollan-
» dois, pour maintenir les Colonies,
» on ne peut dépenser moins de sept
» millions.

» Pour soutenir la Compagnie des
» Indes Orientales, il faut dépenser huit
» millions ; elle ne peut subsister sans
» des secours d'argent & sans une Esca-
» dre dans les Indes ; ainsi il convient
» de destiner au Commerce cinq cent
» mille livres.

» Il seroit nécessaire de rembourser
» au moins neuf cent mille livres aux
» Officiers supprimés ; leurs gages mon-
» tent environ à trois cent mille livres ;
» si l'on est obligé d'avoir recours au
» crédit, ce retranchement seroit beau-
» coup de tort.

» Il n'y a plus que le Roi en France
» qui fasse travailler les Sculpteurs,
» Peintres, & autres ouvriers habiles :
» si Sa Majesté ne les occupe, ils iront

» chercher ailleurs de quoi gagner leur
» vie.

» Il faut mettre le Louvre en état de
» ne pas périr, fermer les Tuileries,
» couvrir l'Obfervatoire.

» Si les Recettes ne fuffifent pas, les
» feuls moyens de les augmenter, font :

» Les emprunts.

» Les augmentations d'impofition.

» Les aliénations.

» Ce font les trois moyens dont on
» s'eft fervi par le paffé.

» Les emprunts ne peuvent être au-
» delà de trois à quatre millions au de-
» nier dix-huit, quelque chofe que l'on
» faffe. Les raifons font fondées fur ce
» qui s'eft fait avant & depuis l'admi-
» niftration du Roi.

» Il faut obferver à l'égard des impo-
» fitions, que le Roi tire plus des Pro-
» vinces à préfent que les Tailles font
» réduites à trente-trois millions, que
» l'on n'en tiroit en 1658 qu'elles étoient
» à cinquante-fix millions; néanmoins
» elles peuvent être augmentées d'un
» million en cette année 1672 pour les
» Etapes, & d'un autre million en
» 1673.

» Quant aux aliénations, le Roi a
» retiré tout & eft en poffeffion de qua-

» tre millions de revenus, foit en Gref-
» fes, foit en Domaines que l'on peut
» aliéner ; on en retirera quarante mil-
» lions fur le pied du denier dix ».

Ces réflexions prouvent que le crédit
étoit encore altéré, & peut-être auffi
qu'on n'en connoiffoit pas encore bien
l'ufage. Car au lieu de propofer une
aliénation perpétuelle de quatre millions de rente du Domaine pour quarante millions, dans le deffein de revenir un jour contre ce mauvais marché;
n'eût-il pas mieux valu les aliéner pour
quinze à feize ans, & n'en retirer que
trente millions ? On n'eût pas trouvé
d'acquéreur, dira-t-on; cela git en fait:
mais l'expérience juftifie qu'en fuppofant de l'exactitude dans le Miniftre, les
fonds fe trouvent d'autant plus facilement, que les conditions font moins
onéreufes au Prince. L'affûrance du
payement eft plus grande : tel eft le
reffort du crédit.

Il eft à propos de remarquer que M.'
Colbert commençoit toujours par déduire les charges avant de former fes
états de recette ; méthode effentielle à
l'ordre, à l'exactitude des payemens,
au maintien du crédit, & dont l'oubli
a toujours été funefte. Les projets qu'on

verra dans cet ouvrage, n'étoient que
des esquisses préparées pour le travail
du Roi; mais le Ministre les méditoit
auparavant dans le plus grand détail.

On ne doit pas oublier que depuis
l'année 1671, lorsqu'il est parlé des
états de recette, on suit ce qui a été
trouvé écrit de la main de M. Colbert.
Les états précédens sont pris dans d'autres sources; & comme elles ne sont
pas toujours conformes depuis 1671
aux détails écrits par le Ministre même,
on les a abandonnées. A examiner les
choses de près, cependant les produits
se trouvent à-peu-près les mêmes, parce que M. Colbert faisoit état à part
des fonds extraordinaires, même de
ceux qui entroient à droiture au Trésor
Royal.

## ANNÉES 1673, 1674, 1675; 1676, 1677, 1678.

L'Histoire des Finances n'a plus à
nous présenter que des affaires extraordinaires, qui ne sont pas toutes heu-
reuses. L'une des premieres fut un traité
de quatorze millions, qui comprenoit
les parties suivantes.

1°. L'aliénation de neuf cent mille

cent mille livres de rentes      liv.

sur les petits Domaines. .    10000000

  2°. La création de deux Offices de Receveurs & de deux Contrôleurs des Domaines dans chaque Généralité. . . . . . . . . . . .    600000

  3°. Les taxes sur les maisons bâties hors de l'enceinte de Paris, fixées en 1638.    300000

  4°. La vente des matériaux de la halle aux Draps & aux Toiles, & de toutes les échoppes, boutiques, places appartenant au Roi dans la nouvelle enceinte de Paris, & aussi de la permission de bâtir aux propriétaires des places dans la nouvelle enceinte. . . . .    1300000

  5°. La confirmation du privilége des roturiers habitans dans les Villes franches, possédant des Fiefs moyennant deux années de revenu. . . . . . . . . . .    1420000

  6°. La confirmation des propriétaires du Domaine aliéné par Charles IX . . .    800000

Total. . . . . . .    14420000

Sur les quatorze millions convenus avec les Traitans, ils obtinrent la remiſe d'un ſixieme ; en outre il leur fut accordé de faire payer à leur profit le ſou pour livre des adjudications par les acquéreurs ; & les deux ſols pour livre ſur les taxes qui ſeroient réglées au Conſeil par les taxés. Il eſt difficile de concevoir comment au commencement d'une guerre on ſe déterminoit à accorder de pareilles conditions.

| | liv. |
|---|---|
| La remiſe valoit ſeule aux Traitans . . . . . . . . . . . | 2333333 |

pour laquelle on leur donna une Ordonnance de comptant.

| | |
|---|---|
| Ils avoient de bénéfice ſur les quatorze millions, ſuivant l'évaluation de M. Colbert, | 420000 |
| Le ſou pour livre ſur dix millions. . . . . . . . . . . | 500000 |
| Les deux ſols pour livre ſur quatre millions. . . . . | 400000 |
| Total . . . . . . . | 3653333 |

ſur onze millions ſix cent ſoixante-ſix mille ſix cent ſoixante-ſept livres que le Roi retiroit : encore ne faiſoient-ils comptant qu'un payement de trois millions, & le furplus en dix payemens de trois mois en trois mois, à compter du jour de l'enregistrement de l'Edit. Tel est l'effet ordinaire des traités extraordinaires. Il est vrai qu'au moyen des trois millions comptant, le Roi retiroit un gros revenu du restant des Greffes : fur le remboursement de ceux de Paris feulement évalués à fept cent quatre mille livres, il gagnoit en gages vingt-fept mille livres, & un revenu de deux cent trente-fix mille livres ; de façon qu'en les aliénant de nouveau, il lui rentroit en fus un million fept cent trente-deux mille livres. On créa encore des Offices de Greffiers Confervateurs des hypotheques, de Greffiers des arbitrages, Syndicats & direction des créanciers dans toutes les Jurifdictions Royales. Cette affaire fut mife en parti pour cinq millions à la fimple remife du fixieme, aux conditions de payer fix cent mille livres comptant, & le refte en fix payemens égaux de trois mois en trois mois, à commencer du jour de l'enregistrement.

Il fut créé vingt-quatre Offices de vendeurs de volaille, gibier, œufs, &c. à Paris, pour acheter les denrées des Marchands forains à leurs rifques,

& s'en rembourfer fur les acheteurs à la déduction d'un fol pour livre. Il étoit difficile d'imaginer un expédient de Finance moins favorable à l'Agriculture; car détruire la concurrence des acheteurs, c'eft nuire aux vendeurs : d'un autre côté, qui peut répondre au Public que ces Officiers revendeurs fe contentent du fol pour livre qui leur eft accordé ? Enfin pourquoi arriver à fon but par un chemin fi difficile, tandis qu'on pouvoit percevoir ce fol pour livre aux entrées ? Il valoit mille fois mieux impofer deux fols pour livre, en aliéner un pour un tems limité, & avec l'autre faire annuellement le payement foit des intérêts, foit du capital. Le Peuple eft fûr alors de ne payer que pendant le tems du befoin ; les revenus de l'Etat ne fe trouvent point engagés pendant de longues années de paix, & les Sujets foulagés pendant fon cours, ont le moyen de fubvenir à de nouvelles charges. Ces Offices produifirent en traité cinq cent mille livres, à la remife du fixieme ; & vrai-femblablement le fol pour livre d'attribution payé par forme d'entrées, n'eût pas rendu loin de cette fomme annuellement.

Le forfait des francs-fiefs fut augmen-

té de deux millions quatre cent mille
livres, à la remife du fixieme ; mais on
tira encore depuis treize cent mille livres de cette affaire en dépoffédant les
Fermiers, & en foutraitant au profit du
Roi diverfes parties féparées, d'après
un travail particulier que M. Colbert
avoit fait faire pour connoître le fond
de cette affaire.

Il eft difficile de le reconnoître dans
une autre affaire qui intéreffoit l'induftrie. Il obligea les Artifans & Marchands qui n'étoient point en Corps ou
Communauté de s'y réunir, pour qu'il
leur fût accordé des ftatuts ; & les Communautés qui étoient établies, de prendre des lettres de confirmation en payant
finance. Cette affaire produifit trois cent
mille livres, à la remife du fixieme.
Cette bagatelle valoit-elle la peine de
mettre des hommes fi utiles à la merci
des Traitans, & de donner un exemple
qui devint pernicieux fous les Minifte-
res fuivans ? Mais on s'arrêtera bien
moins fur la taxe que fur l'établiffement
même des Communautés.

On a vû leur origine dans la premiere
Epoque, les plaintes fréquentes qu'elles ont excitées de la part des Etats Généraux & des Affemblées des Notables :

mais le droit domanial qu'on avoit sû attacher à la gêne & à la contrainte de l'induſtrie ferma les yeux ſur l'évidence de l'abus : il continua toujours d'être défendu de travailler à ceux qui n'avoient point d'argent pour en acheter la permiſſion, ou que les Communautés ne vouloient pas recevoir pour s'épargner de nouveaux concurrens : on ne s'en tint pas là cependant ; il arrivoit peu d'événemens qui ne fourniſſent un prétexte de créer des places de Maîtres dans chaque Communauté. Depuis 1581 juſqu'en 1673, il y a eu cent-quarante-neuf Lettres patentes à ce ſujet ; & ces créations étoient devenues ſi communes, que l'on en voit ſous ce regne accordées en pur don aux ſieurs Bontems & Joïeux, & en 1673 particulierement au ſieur de Riants, Procureur du Roi au Châtelet. C'étoit cependant de véritables taxes deguiſées ſur l'induſtrie & le Commerce ; car ces lettres de Maîtriſes étoient toujours miſes en parti. Les fils de Maîtres ne pouvant être reçus que la vente des Lettres ne fût finie, les Communautés étoient forcées de les acheter : on leur permettoit d'emprunter, de lever ſur les récipiendaires & les marchandiſes les ſommes néceffaites foit pour rembourfer, foit pour payer les intérêts. On ne s'étendra point fur le nombre infini d'inconvéniens qui font nés de ces permiffions d'emprunter fans jamais rembourfer ; ils frappent au premier coup d'œil, & ce feroit la matiere d'une bonne réforme. Il eft telle Communauté dans Paris qui doit quatre à cinq cent mille livres, dont la rente eft une charge fur le Public, fur le Commerce, & une occafion de rapines ; car chaque Communauté endettée obtient la permiffion de lever un droit, dont le produit excédant la rente tourne au profit des Gardes. C'eft la même chofe à peu près dans les Provinces, excepté que les emprunts & les droits ne font pas fi confidérables : mais toutes doivent, & il faut faire attention que la multiplicité des débiteurs eft une des caufes qui tiennent l'argent cher. Ce qui doit paroître encore plus extraordinaire, c'eft qu'une partie de ces fommes énormes ait été & foit confommée journellement en procès, en frais de Juftice. Les Communautés de Paris dépenfent annuellement huit cent mille livres à un million de cette maniere ; c'eft un fait averé, dont leurs Regiftres & leurs comptes

font

font foi. A ne compter dans le Royaume que vingt mille Corps de Jurande
ou Communautés d'Artifans, & dans
chacun une dette de cinq mille livres l'un
portant l'autre, ce font cent millions de
dettes dont l'intérêt à cinq pour cent fe
leve fur les marchandifes confommées
tant au dedans qu'au dehors. On eft
perfuadé qu'en faifant ce dépouillement
on trouvera beaucoup au-delà. C'eft
une impofition réelle dont l'Etat ne profite point. Mais examinons l'effet de ces
ftatuts par rapport à l'induftrie.

Parmi cette foule d'Edits fur les Communautés, il ne s'en trouve qu'un feul
de favorable à la population & au travail : c'eft celui de 1556, qui accorde la
Maîtrife gratuite à tout compagnon qui
époufera une des filles orfelines élevées
dans l'hôpital de la Miféricorde. Tous les
autres ftatuts, & particulierement ceux
que M. Colbert a approuvés, favori-
fent les monopoles, détruifent l'émulation, la concurrence, fomentent la dif-
corde & les procès entre les claffes du
Peuple, dont il eft le plus important de
réunir les affections du côté du travail,
de ménager le tems & la bourfe. Con-
tentons-nous d'alléguer quelques exem-

ples de ces funestes priviléges tels qu'ils reviendront à la mémoire.

Pourquoi un Teinturier en fil n'a-t-il pas la permission de teindre en soye ou en laine, & réciproquement? Pourquoi le Manufacturier n'a-t-il pas la permission de teindre ses étoffes? Il n'est pas permis aux Teinturiers d'avoir plus de deux apprentifs, & les veuves sont privées de ce droit. Les Chapeliers ne peuvent en même tems faire le Commerce de la Bonneterie. En vain chercheroit-on avec soin les motifs de ces bizarreries, on ne reçoit aucune autre réponse, sinon que les statuts le reglent ainsi : des formes & de vieux abus, voilà nos raisons.

Dans les Manufactures de Soyeries il est défendu d'entrer en apprentissage avant l'âge de quinze ans; cet apprentissage doit durer cinq ans, & l'on ne peut prétendre à la Maîtrise, qu'après avoir travaillé pendant cinq autres années comme compagnon. Un ouvrier forain ou étranger ne peut être admis à l'apprentissage, & s'il sait l'art, il est obligé de travailler cinq ans avant de pouvoir être reçu Maître. Une femme ne peut travailler sur le métier. Quœ penserions-nous d'une Loi qui s'exprimeroit ainsi ? Un petit nombre d'hommes dans l'Etat & dans certains lieux seulement auront seuls le droit d'apporter dans le Commerce de nouvelles valeurs, de perfectionner les Arts : tous ceux qui n'ont pas le moyen de subsister sans travail jusqu'à l'âge de quinze ans dans les endroits où l'on travaille l'or, l'argent & la soye, seront obligés d'aller ailleurs chercher du travail ou de mendier. Il est défendu à ceux qui ne sont pas natifs de ces Villes, de s'occuper à en augmenter la Manufacture, afin que les natifs puissent travailler sans émulation & plus cherement. Tout étranger qui viendra parmi nous pour manufacturer la soye, sera si mal reçu, qu'il prendra le parti de retourner dans son pays, ou d'avertir ses compatriotes de ne pas courir le même risque. Nos Maîtres Manufacturiers nous ont invité à user de cette rigueur, sans quoi ils pourroient se trouver forcés de vendre leurs ouvrages aux Etrangers à des prix si modérés, que les ouvriers chez les autres Nations viendroient à manquer de travail. Il sera pourvû à ce que ces Maîtres enseignent leur art au plus petit nombre de personnes qu'il sera possible. Pour contenir les femmes & les filles des Artisans dans l'oisiveté, il ne leur sera pas permis de fabriquer sur le métier. L'énoncé de cette Loi paroîtroit très-contraire aux vûes de la raison ; mais si sous des motifs très-bons, au fond, un Législateur surpris conduisoit ses Sujets sur le même plan, en quoi consisteroit la différence, si ce n'est dans la forme ?

Il est bien certain que si la lecture de beaucoup de Réglemens fait deviner qu'ils ont été faits par les acheteurs, sans y appeller les vendeurs, ceux-ci ont bien pris leur revanche en composant leurs Statuts particuliers. Il est difficile sans doute de convoquer l'assemblée des uns & des autres; mais ils ont un arbitre commun qu'on peut consulter, la raison & les principes qui en découlent.

Si on les eût suivis, on n'eût pas défendu cette année de teindre ni de fabriquer aucun demi-castor, renonçant ainsi à vendre à ceux qui veulent en porter.

Ce fut avec plus de sagesse que nos Ports furent ouverts aux navires Flamands & autres des pays ennemis qui voudroient demander des passeports pour venir enlever nos denrées, en payant trois livres par tonneau du port véritable de leurs navires.

Les besoins pressans engagerent à renouveller les droits sur le papier & le parchemin timbré. Les clameurs de ceux dont c'est le métier de l'employer furent grandes, & le Ministre convertit le droit sur la fabrique du papier & du parchemin. Le coup porté à cette Manufacture fut si rude, qu'en 1674 il falut modérer les droits, & revenir au papier & au parchemin timbré.

Les autres affaires extraordinaires furent l'aliénation du droit de Contrôle sur les exploits ; la création des Offices supprimés ci-devant dans les eaux & forêts pour quatre cent mille livres ; une création de Banquiers expéditionaires en Cour de Rome.

Le droit de marque de l'argent fut porté à vingt sols, & celui de la marque de l'or à trente sols par once, & produisit trois cent mille livres. Il fut doublé encore en 1675. Si la perception d'une pareille taxe étoit réglée de façon que le Commerce étranger n'en souffrît point, ce seroit la matiere d'un très-bon impôt, puisqu'il retomberoit sur le plus grand luxe. On n'entend point cependant comprendre dans

le droit de marque les droits payés aux
argues, ni ceux des affineurs exclufifs
créés depuis. Le monopole de l'affina-
ge & le droit fur le trait détruiront infenfiblement cette induftrie parmi nous,
où elle eft déja tombée de moitié depuis
dix ans. Les Etrangers ont établi leurs
fabriques à la faveur des cinq pour cent
que nos galons doivent coûter plus que
les leurs, parce que les affinages y font
libres & qu'il n'y eft perçu aucun droit
fur le trait. Ne feroit-il pas facile, autant
que convenable, de remplacer le droit
de l'argue par une augmentation legere
fur la vaiffelle d'or & d'argent, & de
rembourfer les Charges des Affineurs
en peu d'années, en laiffant fubfifter,
feulement pendant un tems, vingt fols
par marc d'impofition? Il paffoit à l'argue de Lyon cent foixante mille marcs
dans les années précédentes : il n'en
paffe plus que foixante & quinze mille
aujourd'hui.

· Ces fortes de détails font fi fecs & fi
ennuyeux, qu'il eft plus court, pour
foulager le Lecteur, de réunir ici en a-
brégé tout ce que je trouverai d'affaires extraordinaires faites pendant cette
guerre, en prévenant une fois pour
toutes, que la remife ordinaire des

traités étoit au fixieme. Les principes établis jufqu'à préfent feront affez con-noître ceux qui étoient plus ou moins bien imaginés.

| | liv. |
|---|---|
| 1. Affranchiffement du droit de tiers & danger en Normandie . . . . . . . | 4000000 |
| 2. Création d'un nou-veau Châtelet . . . . . | 2000000 |
| 3. *Idem.* De Greffiers dépofitaires des minutes de la Chancellerie & des hypotheques fur les rentes de la Ville . . . . . . . | 500000 |
| 4. *Idem.* De vendeurs de veaux , cochons de lait , volailles , &c. . . | 900000 |
| 5. *Idem.* De Jaugeurs & Courtiers de toutes for-tes de liqueurs . . . . . | 3600000 |
| 6. *Idem.* De Subftituts des Procureurs généraux . . | 200000 |
| 7. *Idem.* D'Offices en Bourgogne , net . . . . | 833334 |
| 8. Affranchiffement des Cenfives du Roi . . . . | 833334 |
| 9. Vendeurs de Marée net, . . . . . . . . | 333334 |
| | 13200002 |

liv.

De l'autre part... 13200002

10. Augmentation sur les Meffageries, Coches & Caroffes, net . . . . . 1000000

11. Hérédité des Procureurs, net . . . . . . 833334

12. Aliénations en Normandie . . . . . . . . . 2400000

13. Offices de Mefureurs de grains, Mouleurs de bois, Courtiers de foin, &c. . . . . . . . . . . 3200000

14. Vendeurs de Cuir, net . . . . . . . . . . . 833334

15. Confirmation des Acquéreurs des biens Eccléfiaftiques en payant le huitieme . . . . . . . . 1000000

16. Rétabliffement des ufurpateurs des biens des Communautés Laiques . 1000000

17. Œconomes des biens Eccléfiaftiques . . . . . . 300000

18. Exemptions de tailles à divers Officiers . . 1000000

19. Receveurs des Epices & Ecrivains à la Peau, net, . . . . . . . . . . . 833334

25600004

20₽

liv.

De l'autre part... 25600004

20. Offices de Chambres
des Comptes . . . . . . . . . 2000000

21. Dispense d'âge, de
parenté & de service . . . 200000

22. Taxe sur les Etrangers naturalisés . . . . . 50000

23. Notaires Apostoliques . . . . . . . . . . . . 200000

24. Aliénation sur les
Aides & Gabelles de trois
millions de rente au denier
dix-huit, mais négociées
au denier quatorze , . . . 42000000

25. Trente-six Payeurs
& Tréforiers des Rentes
par estimation . . . . . 5000000

26. Exemption de taille
aux Officiers du Grenier à
sel . . . . . . . . . . . . . 2000000

27. Fabrication des pieces de quatre sols , net . 1000000

28. Annuel des Officiers
des Décimes . . . . . . 500000

29. Prêt par les Officiers
en faveur du renouvellement de l'annuel, net . . 6666667
_____
85216671

liv.

De l'autre part... 85216671

30. Offices de Cours Souveraines , net . . . . . 4435600

31. Deux millions d'aug- mentations de gages au denier quatorze . . . . . 28000000

_____

117652271

Remise du sixieme sur trente millions neuf cent cinquante mille livres où il n'a point été déduit . 5491666

_____

112160605

On en a déja rapporté en divers endroits pour . . 36843700

_____

Total général . . . . . 149004305

_____

Cette note n'est pas tellement exacte que plusieurs parties n'ayent pû être obmises ou changées , puisqu'elle n'est arrêtée que sur des projets qui , à la vérité , ont paru approuvés par des apostilles , de la main du Ministre mê- me. L'objet principal , après tout , n'est point autant de balancer des états de recette & de dépense , que de mettre le lecteur à portée de réflechir sur la nature des moyens employés pour sa-

tisfaire aux dépenses. Il est vraisem-
blable que M. Colbert fut entraîné par
l'urgence des besoins, & par l'importu-
nité des gens d'affaires ; car il semble
que plusieurs de ces moyens étoient
absolument opposés à ses principes &
à sa conduite passée. Si, le peuple eût
été à son aise pendant la paix , un impôt régulier & général pendant la guerre l'eût moins fatigué que ces créations
de rentes , de Charges , d'augmenta-
tations de gages ; mais il paroît qu'il
étoit pauvre, & comment ne l'eût-il
pas été en vendant ses grains à vil prix ?

A la vérité quelques parties des Fermes furent augmentées par l'établissement des formules imprimées des exploits que vendoient les Fermiers des
Aides , par le renouvellement du prêt
de l'annuel, par le droit de subvention ,
le privilége exclusif de la vente du tabac , la marque sur l'étain , l'augmentation de trente sols par minot de sel.

Malgré la création des rentes au denier dix-huit & le payement de l'intérêt des gens d'affaires au denier dix, il
paroît par l'établissement de la caisse
des emprunts, que M. Colbert ne manquoit point absolument de crédit ; la
facilité que les propriétaires avoient de

retirer leur argent à leur gré , & l'exactitude qu'il y porta , soutint cet établissement, dont il tira grand parti pour
faire face aux engagemens divers sans
précipiter les recettes.  On doit convenir cependant qu'alors les ressources
du crédit n'étoient pas bien connues.
Par le moyen des annuités à courts termes, un Etat peut trouver de grandes
sommes, sans augmenter aussi considérablement les impôts que les besoins
sembleroient l'annoncer , & sans engager ses ressources.  Moins le terme d'un
engagement est long,  moins la condition en est onéreuse ; & dans un pays
où l'on sçauroit imposer au besoin soixante & dix & quatre-vingt millions
pendant huit à dix ans , sans fatiguer la
classe des cultivateurs & des ouvriers,
on pourroit se procurer quatre à cinq
cent millions dans le cours d'une guerre.
Au bout de dix ans environ , l'Etat
feroit successivement libéré , c'est-à-dire , quatre ou cinq années après une
guerre de six ans ; & en remettant fidelement aux peuples ces impositions,
à mesure que les annuités s'éteindroient,
on auroit une ressource toujours ouverte.

La France est particulierement dans

le cas qui vient d'être suppofé , toutes les fois que l'on apportera dans l'admi-niftration , du zéle, du génie, du cou-rage & de l'économie.

L'extrême inégalité des richeffes eft une des chofes qui empêche le plus ce Royaume-ci de porter le produit de fes Finances au point où il pourroit aller ; mais quelques-unes des caufes qui contribuent à cette grande inéga-lité tiennent à la conftitution ; ainfi le Gouvernement a rempli fon obligation lorfqu'il a employé les remedes géné-raux qui font en fon pouvoir.

Le premier moyen eft de favorifer particulierement l'agriculture & le Commerce, fources uniques des richef-fes des Sujets & du Souverain. Le fe-cond eft de proportionner le bénéfice des affaires de Finance à celui que don-ne le Commerce & le défrichement des terres en général ; car alors les entre-prifes de Finance feront encore les meilleures, puifqu'elles font fans rifque ; & il ne faut pas oublier que leur profit eft toujours une diminution des reve-nus du Peuple & du Souverain. Le troi-fieme eft de reftreindre l'ufage immodé-ré des priviléges & des charges inutiles. Le quatrieme, de tenir l'intérêt de l'argent aussi bas que le permet le nombre combiné des prêteurs & des emprunteurs dans l'Etat : car plus l'intérêt de l'argent est haut, plus le riche est en état d'accumuler, plus le pauvre industrieux est forcé de rester dans sa pauvreté. Le cinquieme enfin, de repartir, autant qu'il se peut en général, les impôts suivant les principes de la justice distributive, cette justice par laquelle les Rois sont les représentans de Dieu sur la terre.

En quelque situation que les choses se trouvent, il est toujours possible, dans un pays opulent, d'établir, dans le cas d'une guerre, un fonds d'imposition considérable, qui n'affectera point la classe des Citoyens les plus pauvres.

Si pendant la paix les impôts ont été mal repartis, l'augmentation tombera sur les riches seuls qui ont été trop ménagés : si les impôts ont été bien repartis, l'augmentation tombera d'une maniere insensible sur toutes les classes de Citoyens aisés qui seront très-nombreuses ; & en ce cas l'imposition sera plus considérable & plus facile à percevoir.

Ce qui vient d'être dit conduit à établir pour maxime fondamentale de ne jamais percevoir en tems de paix tout ce que les Peuples pourroient payer ; sans ce ménagement, il faudroit ou les surcharger, c'est-à-dire, ruiner l'Etat ; ou faire des emprunts à perpétuité, ce qui conduit à la surcharge perpétuelle de l'imposition, puisqu'il faut payer les intérêts, & enfin au desordre, sans compter une infinité d'inconvéniens pendant le cours de ces emprunts. Cette maxime est bien plus sûre, d'un effet plus étendu, & plus favorable aux Peuples que les trésors amassés par les Souverains.

Pour faire mieux concevoir & la nécessité & la commodité du système de Finances proposé, & qui consiste à faire un usage modéré de l'imposition & du crédit, on a cru devoir rédiger le tableau ci-contre.

La durée ordinaire des guerres en Europe, quand elles sont poussées avec cette vigueur que leur donne un bon système de Finances, a paru pouvoir être évaluée à six années.

On a supposé les dépenses extraordinaires de cent trente millions, pour faire agir soixante-dix Vaisseaux de ligne & cinquante Frégates ; deux cent cinquante mille hommes de troupes réglées, & quatre-vingt mille hommes de milices ; cette proportion de forces de terre & de mer paroiffant néceffaire à la France, pour protéger fes Alliés, & conferver fes poffeffions.

Dans une pareille circonftance, la pofition la plus defirable paroîtroit être celle, où, fans affecter la claffe des Citoyens pauvres, & particulierement des laboureurs, il feroit poffible d'établir un fonds d'impofitions extraordinaires de quatre-vingt millions, & un fonds de dix par la fufpenfion des dépenfes fur les objets les moins preffés.

On va voir comment il feroit poffible de fournir pendant les fix années de guerre à cette dépenfe extraordinaire de cent trente millions, de maniere que fix ans après la paix, il ne reftât aucune trace d'impofition nid'emprunt.

Lorfque les opérations faites pendant la paix ont conduit un Etat à cette heureufe pofition, il lui eft effentiel d'obferver une conduite propre à l'y conferver. Si les conjonctures ne lui ont pas permis de s'y livrer entierement, il n'en eft que plus indifpenfable de faire des efforts extraordinaires & même violens pour ne pas s'interdire l'efpérance de rentrer dans cette pofition.

Une feptiéme & huitiéme année de

| de Deniers ordinoires. | Payement annuel à faire sur les Annuités pour le remboursement des capitaux & intérêts. | Sommes totales des Coupons. |
|---|---|---|
| liv. | | |
| 000000 | 40000 annuités de 1000 l. cha- | |
| 000000 | cune, qui recevront cinq coupons | liv. |
| 000000 | de 200 l. & un de 180 l. c'est-à- | 4720000 |
| | dire que les cinq premiers paye- | |
| | mens feront de 8000000 liv. & le | |
| 000000 | dernier pour folde de 7200000 l. | |
| 000000 | | |
| 000000 | 48000 annuités de 1000 l. cha- | |
| | cune, qui recevront cinq coupons | |
| 000000 | de 200 l. & un de 180 liv. c'est-à- | |
| 000000 | dire que les cinq premiers paye- | 5664000 |
| 8000000 | mens feront de 9600000 liv. & le | |
| | dernier pour folde de 8640000 liv. | |
| 0000000 | | |
| 0000000 | 57600 annuités de 1000 l. cha- | |
| | cune, qui recevront cinq coupons | |
| 2400000 | de 200 liv. & un de 180 l. c'est-à- | |
| 2400000 | dire que les cinq premiers paye- | 6796800 |
| | mens feront de 11520000 l. & le | |
| 7600000 | dernier pour folde de 10368000 l. | |
| 0000000 | | |
| 0000000 | 69120 annuités de 1000 l. cha- | |

| | | |
|---|---|---|
| 10000000 | | |
| 10000000 | 69120 annuités de 1000 l. chacune, qui recevront cinq coupons de 200 liv. & un de 180 liv. c'est-à-dire que les cinq premiers payemens feront de 13824000 liv. & le dernier pour folde de 12441600 liv. | 815616 |
| 50880000 | | |
| 60880000 | | |
| 69120000 | | |
| 30000000 | | |
| 10000000 | 82944 annuités de 1000 l. chacune, qui recevront cinq coupons de 200 liv. & un de 180 liv. c'est-à-dire que les cinq premiers payemens feront de 16588800 l. & le dernier pour folde de 14929920 l. | 978739 |
| 37056000 | | |
| 47056000 | | |
| 82944000 | | |
| 30000000 | | |
| 10000000 | 99532 $\frac{4}{7}$ annuités de 1000 liv. chacune, qui recevront cinq coupons de 200 liv. & un de 180 liv. c'est-à-dire que les cinq premiers payemens feront de 19906560 l. & le dernier pour folde de 17915904 liv. | 1174487 |
| 20467200 | | |
| 30467200 | | |
| 99532800 | | |
| 30000000 | | |

Emprunté en total, y compris les intérêts, en cinq ans 157196800 liv.

une guerre de fix années ; ée on pourroit remettre Impofitions extraordinai- un les œconomies fur pa-

emprunter que 2700767 chargé à perpétuité de pl féquent les impofitions fe fources de l'Etat épuifées

guerre peuvent être suppléées par l'extinction des premiers emprunts, qui
laisseroient de nouveaux fonds libres,
& à toute extrémité par des engagemens plus longs, ou par de nouveaux
moyens de crédit plus avantageux au
Public, tels que les annuités viageres,
par exemple, qui ont été proposées
dans le II. volume sous l'année 1653.

Le 11 Novembre 1675, la subvention annuelle du Clergé de douze cent
quatre-vingt-douze mille neuf cent six
livres treize sols neuf deniers, fut renouvellée pour dix ans. Le Clergé y
joignit un don gratuit de quatre millions, qui ne forma pas un secours bien
prompt. Sur cette somme, deux millions quatre cent mille livres furent imposés sur tous les Bénéficiers pour être
payés en quatre termes jusqu'à la fin
de l'année 1677. La somme de quatorze
cent mille livres à prendre sur les Officiers des décimes par forme d'augmentation de Finance ; sçavoir un million
soixante-seize mille livres payable en
quatre termes jusqu'à la fin de l'année
1677 ; la somme de trois cent vingt-
quatre mille livres du fonds des gages
du terme de Février ; quatre cent mille
livres sur les détenteurs des biens alié-

nés par les Ecclésiastiques ; trois cent mille livres à prendre sur les débets des Payeurs & Receveurs des rentes du Clergé.

Pour donner une idée des dépenses de cette guerre & de la proportion des revenus avec les dépenses, on a cru devoir mettre sous les yeux ce qui a été rassemblé de divers états depuis 1671.

La dépense excede la recette connue de vingt-cinq millions neuf cent trente-neuf mille cinq cent quarante livres ; mais il avoit été consommé sur les années suivantes vingt-deux millions. Il étoit dû quelques restes à compte de diverses fournitures. Il étoit dû aussi des intérêts aux gens d'affaires , par le moyen desquels on avoit fait face aux divers engagemens.

Avec un fonds d'imposition extraordinaire de douze millions sur les riches seulement , tel qu'une capitation, ou le vingtieme des biens - fonds, ou quelques droits sur les consommations de la Capitale, & principalement sur celles de luxe , M. Colbert auroit pû par des annuités à cinq pour cent se procurer les cent cinquante millions dont il avoit besoin, sans employer toutes les affai-

# AT DES RECETTES ET DEPE

*depuis 1671 jusqu'en 1678.*

| Recettes des Revenus. | | |
|---|---|---|
| liv. | Projet de dépense . . . . | 64882000 |
| 77648911 | Manque de fonds de 1670 | 4000000 |
| | Augmentation de dépense | 10851627 |
| 75579154 | Projet de Dépense . . . . | 71339020 |
| | Augmentation . . . . . . | 9540015 |
| 75695646 | Projet de Dépense . . . . | 92064000 |
| | Augmentation . . . . . . | 15400000 |
| 80859235 | Projet de Dépense . . . . | 92132000 |
| | Augmentation . . . . . . | 17068271 |
| 78456448 | Projet de Dépense . . . . | 91452000 |
| | Augmentation . . . . . . | 10000000 |
| 77764377 | Projet de Dépense . . . . | 97800000 |
| | Augmentation . . . . . . | 8876969 |
| 80050929 | Projet de Dépense . . . . | 97632000 |
| | Augmentation . . . . . . | 13048510 |
| 80692534 . . . . . . . . . . . . . . | | |

res extraordinaires dont on a vû la lifte,
& la plupart contraires aux bons principes des Finances. Quatre ou cinq ans
après, l'Etat eût été parfaitement libéré,
& le Public eût en effet moins payé,
puifque les Traitans n'euffent contribué en rien à fecourir l'Etat. Il faut
convenir cependant qu'il n'en fut pas
le maître, & que M. de Louvois avec
le Premier Préfident du Parlement de
Paris engagerent le Roi à préférer les
emprunts à l'impofition.

En 1674, M. Colbert avoit établi
une caiffe des emprunts au Bureau des
Fermes unies, à laquelle les particu-
culiers pouvoient porter leur argent,
avec faculté de le retirer à leur volonté avec l'intérêt au denier vingt.
Le Tréfor Royal étoit encore débiteur
envers cette caiffe de quatorze millions
cent quatre-vingt-treize mille deux cent
quatre-vingt dix-huit livres dix-huit
fols.

On fera furpris fans doute de voir
ainfi la recette excéder la dépenfe; mais
il faut obferver que dès l'année 1678,
lorfque l'on vit les affaires de l'Europe
prendre une tournure favorable à la
Paix, M. Colbert fongea à retirer les
aliénations & à rembourfer les rentes.

Il reftoit de celles qu'on appelloit petites tailles pour la fomme de quinze cent quatre-vingt-fix mille fept cent quatre-vingt-cinq liv. Les diverfes réductions qu'elles avoient effuyées les avoient tellement décriées, que leur prix courant avoit toujours été au-deffous du denier dix. Elles furent rembourfées fur ce pied en 1678, moyennant quinze millions huit cent foixante-fept mille huit cent cinquante livres ; ainfi à la fin de cette année il ne reftoit plus d'anciennes rentes que

|  | liv. | f. | d. |
|---|---|---|---|
| d'anciennes rentes que | 5407419 | 11 | 5 |
| Avec les trois millions créés depuis . . . | 3000000 | | |
|  | 8407419 | 11 | 5 |

Le Miniftre ne comptoit pas en refter là ; & dès que la Paix fut affurée, il fit tous fes efforts, foit pour rentrer dans les aliénations que la néceffité lui avoit arrachées, foit pour rembourfer les trois millions de rentes créées au denier quatorze. Quelques efforts qu'il eût faits pour les placer plus avantageufement, le fouvenir du paffé avoit répandu des impreffions trop fâcheufes dans les efprits. Une démarche peu adroite qu'il fit les renouvella encore. Il a été remarqué que les rentes appellées petites tailles n'avoient presque dès leur origine été payées que d'un ou deux quartiers par an ; mais plusieurs propriétaires, par intelligence avec les Payeurs, s'étoient fait avancer la totalité. En 1658, on ordonna la recherche de ceux qui avoient ainsi reçu à bureau non ouvert ; elle continua pendant près de douze ans, & les restitutions porterent le trouble dans une infinité de familles. En 1674, M. Colbert fit rendre un Arrêt par lequel le Roi déchargeoit de toute poursuite ceux qui pouvoient se trouver redevables. Cette grace à contretems, & l'annonce d'une liquidation des rentes appellées petites tailles, réveillerent les allarmes, & la défiance s'étendit sur les autres parties.

Cependant, pour vendre les rentes nouvelles, on eut recours pour la premiere fois à l'expédient le plus funeste peut-être qu'on ait jamais employé dans les Finances. On invita les Etrangers à acheter ces effets, & depuis cette année la France est devenue annuellement leur redevable de plusieurs millions.

Ce ne fut pas le seul moyen qui fut fourni aux Etrangers de faire sortir notre argent. On fabriqua par traité des

pieces de quatre fols, au titre de dix
deniers de fin, à la taille de cent cinquante au marc, ce qui faifoit monter
la valeur du marc d'argent à trente livres, quoique le marc des autres efpeces d'argent, à onze deniers de fin, ne
fût qu'à vingt-fix livres quinze fols.
Auffi le billonage fut-il très-confidéra-
ble, & le nombre des pieces de quatre
fols fi grand dans le Commerce, que
les payemens fe faifoient avec elles.
Les trois millions de rentes entr'autres
avoient été payés de cette maniere par
les acquéreurs. Cette année la valeur en
fut réduite à trois fols fix deniers. Le
defordre ceffa.

Pour réparer en quelque façon les
effets de la furprife qui lui avoit été
faite, M. Colbert fit l'opération de
monnoye la plus habile qui ait été faite
en France. On voyoit dans le Commerce quantité de Piftoles d'Efpagne
& d'Ecus d'or legers. On décria toutes
ces efpeces, & même toutes les monnoyes étrangeres; il fut ordonné de les
porter aux Monnoyes, où elles furent
converties en louis d'or & en louis
d'argent comme on parloit alors, aux
frais du Roi; de façon que les propriétaires reçurent en poids & en titre la

même somme qu'ils avoient portée. L'expérience, dit Le Blanc, a fait voir qu'on n'a jamais rien pratiqué en France de plus utile pour y attirer abondamment l'or & l'argent. Au moyen de l'augmentation du prix des matieres apportées aux Monnoies, le marc d'argent fin valut trente livres sept sols deux deniers, au lieu de vingt-sept livres treize sols ; & l'argent monnoyé, sur lequel le Roi remettoit son bénéfice, resta à vingt-six livres quinze sols.

Un très-habile homme peut faire des fautes, mais voilà comment il y remédie. Est-il possible que cet excellent principe ait été si-tôt oublié ! Les faits parloient encore en 1689, lorsqu'on se détermina à une réforme des monnoies qui devint la source de nos miseres.

C'est ici l'occasion naturelle de parler du changement qu'avoit fait M. Colbert dans l'administration des monnoies.

Avant lui, les monnoies étoient affermées, soit chacune en particulier aux Orfévres, Négocians, Banquiers ou autres qui se présentoient ; ou par un bail général, ce qui étoit plus récent.

Le bail se faisoit à fait fort, c'est-à-dire, à un bénéfice convenu sur un nombre de marcs qui devoient être fabriqués dans le cours du bail ; ou à fort fait, c'est-à-dire, moyennant une somme fixe & indépendante de la quantité des marcs fabriqués.

On convenoit du titre, du poids des especes, & de la valeur numéraire qu'elles auroient dans le public : mais l'imperfection de l'art ne permettant pas de fabriquer les especes à un titre & à un poids précis, l'on accorda des remedes, c'est-à-dire, qu'on permit de fabriquer les especes un peu au-dessous du titre & du poids auquel elles étoient annoncées ; mais à condition cependant de ne pouvoir excéder ces termes de grace ; & les Officiers préposés y veilloient, comme aujourd'hui, sous l'autorité de la Cour des Monnoies. Ces remedes pris ainsi en dedans formoient un bénéfice que le Roi se réservoit pour l'ordinaire : mais sous une infinité de prétextes différens, ces Fermiers trouvoient le secret de s'en faire accorder la remise ; & on prit enfin le parti de comprendre les remedes dans le prix de la Ferme ; c'étoit alors un autre inconvénient, parce que les Fermiers employoient alors les remedes en entier,

&

& ces remedes font toujours un affoi-
bliffement de la monnoie. On eût épar-
gné bien des pertes à l'Etat, & des af-
foibliffemens fucceffifs au Public, fi les
remedes euffent été pris en dehors,
c'eft-à-dire, qu'on eût obligé foit les
Fermiers, foit depuis les Régiffeurs, à
fabriquer de maniere que la monnoie
ne fût jamais au-deffous du titre ni du
poids annoncé, fous peine de la vie,
fauf à la faire meilleure de quelque legere différence, pour ne jamais fe trouver en rifque, & à leur évaluer cette
dépenfe à un prix fixe par marc., ce
qui n'eût jamais formé qu'un objet très-
mince.

En 1662, le Bail des Monnoies étoit
général, & paffé à Geniffeau pour la
fomme de cent mille livres; par les articles fix, treize, quatorze & quinze, le
Roi s'engageoit à n'accorder aucun paf-
feport pour faire fortir des ouvrages &
matieres d'or & d'argent, à ne donner
cours en aucune façon aux efpeces
étrangeres, avec défenfe même aux
Affineurs d'en fondre aucune fans la permiffion du Fermier, qui enfin avoit la
faculté de prendre par préférence au
prix du tarif toutes les matieres qu'il
jugeroit à propos.

*Tome III.* M

M. Colbert conçut que de pareilles clauses étoient incompatibles avec les vûes qu'il avoit pour fonder un grand Commerce, & pour élever des fabriques, tant en dorures qu'en bijouteries. Comme les anciens usages, quelque vicieux qu'ils soient, deviennent à la longue une espece de Loi, il éprouva tant de difficultés à faire un bail à des conditions plus douces, qu'il résolut d'établir l'administration des monnoies en régie dans l'année 1666.

Chaque Directeur acheta, fabriqua & vendit avec les fonds & pour le compte du Roi, moyennant un prix fixe par marc, qui lui fut alloué, de maniere qu'un Directeur de Monnoie est tout à la fois Régisseur pour le Roi, ou Contremaître de sa manufacture de monnoie, & entrepreneur des frais de la fabrication.

Pour veiller à cette manutention, il fut établi un Directeur général des Monnoies, chargé de rendre compte au Conseil de la fabrication & des frais. La Cour des Monnoies continua toujours les jugemens des boëtes dans la forme ordinaire, & de condamner les Directeurs à payer au Roi les foiblages ou remedes de poids, & les écharcetés ou remedes de fin employés sur la monnoie. Mais le Directeur général comptant au Conseil du détail de la fabrication, c'est-à-dire, de la recette & de l'emploi, tant du poids que du fin, certifiés par les Officiers particuliers des Monnoies, les Directeurs particuliers furent déchargés au Conseil des condamnations de la Cour sur le certificat du Directeur général.

La Cour des Monnoies montra dans le tems & depuis beaucoup d'opposition à cette forme d'administration ; elle prétendit qu'on étoit plus porté à user d'indulgence envers des Régisseurs qu'envers des Fermiers ; que les certificats de recette, de fonte & de délivrance des Officiers des Monnoies ne pouvant être récusés, à moins de les accuser de faux, ce qui seroit presque impossible lors même qu'on en auroit les plus violens soupçons, il pouvoit résulter beaucoup d'abus de leur connivence avec les Régisseurs ; qu'il étoit même moralement impossible que ces Officiers vissent toutes les opérations dont ils certifioient, ou qu'ils les vissent de maniere à prévenir tout inconvénient ; enfin que l'autorité du Directeur général pour la décharge des Régisseurs dé-

pouilloit la Cour d'une des plus importantes fonctions qui lui eussent été at-
tribuées dans tous les tems.

La paix terminée à Nimegue mit fin
aux inquiétudes du Ministre , qui se
voyoit insensiblement obligé d'aliéner
les revenus de l'Etat , après avoir passé
tant d'années à les libérer.

Pour aider à juger des augmentations faites sur les revenus publics pendant la guerre , des réductions accordées au soulagement du Peuple & de
l'état des recettes ; on mettra ici en
comparaison les recettes des deux années 1678 & 1679.

Si le Traité de paix agrandit les Domaines de la France, il porta une at-
teinte considérable à l'industrie de ses
habitans. La révocation du tarif de
1667 rendit aux Hollandois leur premiere supériorité sur nos Navigateurs
& nos Manufacturiers.

La Compagnie des Indes Orientales
étoit extraordinairement affoiblie de ses
pertes : le sieur Caron Hollandois, chargé
de la conduite principale de ses affaires,
laissa échouer une entreprise qui pouvoit porter un coup funeste à celle de
Hollande. En vain le Roi fit-il don à la
Compagnie des quatre millions qu'il lui
avoit avancés ; l'appel qu'elle fit du

678.

| liv. | | |
|---|---|---|
| 00000 | Domaines . . . . . . . . . . . | 22 |
| 75030 | Gabelles de France, Lorraine & Franche-Comté . . . . . . . . . . | } 74 |
| 93099 | Cinq grosses Fermes . . . . . . . . . | 81 |
| 73875 | Aides & Entrées . . . . . . . . . . . | 149 |
| 00000 | Vente du tabac & Marque de l'étain . . . | 4 |
| 40000 | Tiers-sur-taux & Quarantaine de Lyon... | 3 |
| | Droit des Vendeurs de poisson . . . . . | |
| 00000 | Gabelles de Languedoc & Roussillon . . . | 1? |
| 80000 | *Idem* de Lyonnois . . . . . . . . . . | 1? |
| 734052 | *Idem* de Provence & Dauphiné . . . . . | 1? |
| 200000 | Ferme de l'Amérique & Canada . . . . . | |
| 016667 | Postes . . . . . . . . . . . . | 1? |
| 000000 | Revenus casuels . . . . . . . . . | 2? |
| 258422 | Recettes générales, y compris les étapes. | 25 |
| 92349 | Recette générale & Etape de Metz . . . . | |
| 150000 | Recette de Bourgogne & Bresse . . . . . | ? |
| 20000 | *Idem* de Navarre & Béarn . . . . . . . | |
| 400000 | *Idem* de Bretagne. . . . . . . . . . | |
| | Don gratuit d'Artois . . . . . . . . . | |
| 500000 | Don gratuit & Aides des Pays conquis ... | |
| 1500000 | Don gratuit de Bretagne . . . . . . . . | 1 |
| 1700000 | *Idem* de Languedoc . . . . . . . . . | 2 |

restant des fonds auxquels les Actionnaires avoient souscrit, ne fut point
répondu par tous, ses affaires allerent
toujours en déclinant.

Dès 1674, la Compagnie des Indes
Occidentales succomba sous les atta-
ques des Hollandois, & les pertes qu'elle
essuya à la prise de Cayenne. Elle se
trouvoit en arriere de trois millions cinq
cent vingt-trois mille livres, sans aucune espérance d'une meilleure fortune. Le Roi voulut bien la dédommager de ses pertes, & lui remboursa son
capital de douze cent quatre-vingt sept
mille cent quatre-vingt cinq livres; au
moyen de quoi il fut propriétaire de
tous ses établissemens & des Colonies.
Ces dépenses font honneur à l'habileté
de M. Colbert; il vouloit fonder un
Commerce, & il falloit que les Commerçans connussent combien le Gouvernement s'y intéressoit: il n'étoit pas
moins intéressant pour le crédit public
qu'une Compagnie qui s'étoit en partie
épuisée pour mettre les Isles en état de
défense, qui avoit contracté ses engagemens sous les auspices du Prince, ne fît
rien perdre à ses créanciers. Il ne se
passe point d'année aujourd'hui que ces
avances originaires ne rentrent en reve-

nus & au-delà, à considérer simplement ce qui se perçoit à l'entrée des denrées de l'Amérique. Le Roi entrant dans les droits de la Compagnie continua de jouir de ceux qu'elle avoit établis ; ce qui donna naissance au Domaine d'Occident, dont la Ferme fut bien peu de chose d'abord, comme on vient de le voir dans l'état des revenus, mais très-ruineuse au Commerce.

Quelque rapides que fussent les progrès du Commerce des Colonies, il ne pouvoit se soutenir sans accroître leur culture ; & la culture ne pouvoit réussir sans esclaves. Dès 1672 M. Colbert usa de ses expédiens ordinaires pour animer la traite des Noirs ; il proposa dix livres par tête de Négres qui seroient transportés dans les Colonies : mais bien-tôt revenant aux idées d'exclusif qui dominoient alors dans les têtes, il avoit fondé en 1673 la Compagnie du Sénégal, qui devoit faire seule le Commerce de cette Côte, du Cap Verd, & de la riviere de Gambie, avec une gratification de treize livres par tête de Négre.

En 1675 il avoit accordé au sieur Oudiette le privilége exclusif de la Côte de Guinée depuis la riviere de

Gambie, à condition de porter aux Colonies tous les ans huit cent Négres, avec les mêmes avantages que la Compagnie du Sénégal. Ce second privilége fut caffé dès 1678, parce que les conditions en étoient mal exécutées ; il paffa à la Compagnie du Sénégal, qui s'obligea de porter deux mille Négres aux Ifles. Cet exclufif réuffit comme tous les autres ; nous en verrons la preuve en 1684.

Les impôts pendant la guerre n'avoient pas tant fatigué le Peuple que l'interruption du Commerce. Pour remédier à l'engorgement des denrées, les droits fur la fortie des vins & des eaux-de-vie furent enfin modérés. Les tailles furent auffi diminuées de deux millions fur l'année fuivante.

L'aliénation des Domaines & droits domaniaux avoit été faite couramment au denier dix ; les attributions & augmentations de gages s'étoient négociées au denier quatorze ; ainfi il y avoit une épargne confidérable à faire des rembourfemens ; mais les revenus ne comportoient pas une affez grande économie pour faire des rachats confidérables. Ils montoient, comme on vient de le voir, à foixante & quatorze millions huit cent quatre-vingt-trois mille quatre cent foixante-huit livres.

|  | liv. |
|---|---|
| Le projet de dépenfes fut de . . . . | 71258319 |
| Les fuites de la guerre & les dépenfes en bâti-mens formerent une aug-mentation de . . . | 20858921 |
|  | 92117240 |
| On racheta ou rembour-fa diverfes aliénations pour la fomme de . . | 32242910 |
|  | 124360150 |
| La dépenfe des intérêts & remifes monta à . . | 3875150 |
|  | 128235300 |

La fomme de ces rembourfemens fut prife fur la création de deux nouveaux millions de rentes fur la Ville ; l'exac-titude qu'on avoit apportée à les payer pendant la guerre, & le retour de la paix, avoient un peu hauffé le crédit. Le premier million fut placé au denier feize, & le fecond au denier dix-huit, ce qui produifit trente-quatre millions ; ainfi le total des rentes montoit à dix millions quatre cent fept mille quatre
cent

cent dix-neuf livres onze fols cinq deniers. J'ignore quelles parties furent
rachetées ; je vois feulement que l'on
avoit confommé cette année vingt-
deux millions fur l'année fuivante, &
que le Domaine de Flandre, qui n'étoit
point compris dans les précédens états
de recette, y fut porté en 1680 pour
un million.

## ANNÉE 1680.

Si les Finances fe dérangeoient dans
la partie de la diftribution, on chercha
du moins à régler la perception des
droits ; & cette année M. Colbert fit
rendre deux Ordonnances, l'une fur
les Aides, l'autre fur les Gabelles ; il
eut l'honneur d'avoir fimplifié ces Loix;
car lui-même ne fe flata point de les
avoir perfectionnées, comme on le
verra lorfqu'il parlera lui-même. Comme de ces Ordonnances dérivent les
principes de la perception, quoique la
Jurifprudence en ait été depuis prodi-
gieufement amplifiée ; il ne paroît point
inutile de s'y arrêter.

M. Colbert comprit dans la Ferme
des Aides les droits fur le vin lors de la
vente en gros ; de fon entrée dans les

Villes pour la confommation ; de la
vente en détail ; de fon paffage dans
certains lieux ; le droit fur ceux dont la
profeffion eft de vendre le vin ; les droits
fur les eaux-de-vie, le cidre, la bierre &
autres liqueurs ; les droits fur le poiffon frais & falé , fur certaines qualités
de bois, fur le pied fourché ; ceux de
la marque des fers , des ouvrages d'or
& d'argent, du papier ; la vente du papier & parchemin timbré ; enfin la
moitié des octrois des Villes. Ces détails qui fe trouvent par-tout ne font
point de mon objet.

Les befoins de l'Etat avoient donné
naiffance à divers droits d'Aides en des
tems différens, & à diverfes augmentations de chacun d'eux ; la fucceffion des
befoins en avoit continué la perception;
leur origine avoit été oubliée infenfiblement , le nombre des parties étoit
très-grand. Cette double confufion oc-
cafionnoit des difcuffions fréquentes entre les Receveurs & les Payeurs ; quelquefois des exactions de la part des uns,
toujours des foupçons de la part des
autres ; & enfin un embarras très-pré-
judiciable au Commerce. Ces divers
droits furent évalués & fimplifiés ; la

valeur en fut même réduite de quelque bagatelle.

C'étoit un très-grand avantage, fans doute ; mais la réunion ne fut pas complette, parce qu'on ne corrigea pas la diverfité de l'impôt entre les diverfes Généralités, entre les Elections même, les Villes & les particuliers. L'origine de ces différences vient de ce que quelques-uns des droits avoient été rachetés dans les tems dans certains cantons ; c'est une justice, fans doute, de les faire jouir d'un engagement contracté avec eux : mais il n'en est pas moins vrai que les communications fouffrent de cet embarras, & que les Loix uniformes font toujours utiles à l'Etat en général. Seroit-il donc injuste d'examiner comment ce rachat a été fait ? Si c'est par l'établiffement d'une autre impofition, comme il en est peu dont la répartition foit plus égale & plus douce que dans celui-ci, s'il est modéré & que le Commerce étranger n'en fouffre pas, il ne fembleroit point impoffible de revenir contre ces compenfations. Si le rachat a été fait pour une fomme d'argent, il ne paroît pas juste qu'il foit perpétuel. Le Prince a toujours la faculté de rembourfer ou de faire rembourfer par les Fermiers, en leur abandonnant pour un tems la jouif-fance des droits.

Il femble qu'on en pourroit dire au-tant des priviléges particuliers toujours accordés aux riches de l'Etat. Rien n'eft plus contraire à l'efprit de la jufti-ce diftributive ; le premier devoir des Légiflateurs, l'ame & le lien de toute fociété. La différence des facultés ex-pofe déja affez les hommes à l'envie les uns des autres, fans la fomenter encore par la différence du traitement.

L'augmentation du produit ne feroit pas le feul avantage d'une exacte uni-formité d'impofition entre les Provin-ces & les Sujets ; elle mettroit tous les lieux & tous les Concitoyens dans un équilibre naturel pour le Commerce, pour la vente de leurs denrées, ou pour leur contribution aux charges publi-ques. Il eft évident que dans une Pro-vince qui paye l'augmentation du droit de gros, les vignerons & les proprié-taires des vignes ont moins d'avantage pour la culture, que ceux d'une Pro-vince exempte ou rédimée à fort peu de frais de cette augmentation. Ega-lement un riche privilégié, auquel une partie du droit d'entrée eft remife, ne porte pas la même proportion d'impôt que le pauvre citoyen.

Lorfque la Loi accorde au cultivateur des vignes une quantité de vin fur le gros manquant pour fa confommation fur le lieu, elle paroît faire une chofe jufte en faveur de l'agriculture feulement; mais en faine politique il ne doit pas réfulter que ce même cultivateur réfidant à la Ville, & fur-tout dans la capitale, jouira de la même douceur que s'il habitoit fa terre où il feroit beaucoup plus de bien. S'il a les moyens néceffaires pour vivre à la Ville, c'eft un avertiffement qu'il donne de fa faculté de contribuer davantage aux charges publiques. D'ailleurs, eft-il permis à un propriétaire de Salines de faire venir fa provifion de fel fous de moindres droits dans l'étendue des Gabelles ? ou à un Bourgeois de Paris de faire entrer les faumons de fa pêche à meilleur marché ? On ne voit pas de différence fondée en droit entre ces productions.

Eft-ce une meilleure police de percevoir de plus gros droits fur ce qui arrive à l'adreffe des Marchands, & fur ce qui fe vend en détail, que fur ce qui arrive à l'adreffe des Bourgeois ? car enfin c'eft le Peuple , c'eft le pauvre qui confomme le vin vendu en détail : à Paris cette confommation va aux quatre cinquiemes de ce qui entre ; il eft clair que le droit d'entrée eft plus fort pour le pauvre que pour le riche.

Il femble que dans l'établiffement des impôts fur les confommations, on ait pris à tâche d'en écarter les avantages : ils ne confiftent que dans une égalité plus grande des répartitions , & dans la liberté de la contribution. Si ces objets ne font pas remplis, l'efpece du droit n'a plus que des inconvéniens. Par exemple, l'Ordonnance fixe à fix livres l'augmentation du droit de gros à Paris par muid de vin mufcat. Si l'on fait attention à la néceffité de la confommation, & à la qualité des confommateurs, la proportion n'eft pas égale entre ces fix livres, & les feize fols trois deniers fixés par muid des autres vins. Par une erreur plus confidérable encore, le vin mufcat étranger n'eft point diftingué du vin mufcat de France.

Finiffons par obferver à l'égard des vins, que la perception des droits d'entrée, de fubvention & autres fans diftinction des qualités, paroît peu favorable à la culture & à l'aifance du Peuple. On a déjà remarqué que la même inattention fur les droits de fortie a eu des fuites bien plus funeftes , puifqu'elle a privé le Royaume de plufieurs millions de revenu.

Une police en apparence affez fimple pouvoit peut-être remédier à cet abus. Aucun vin ne peut partir du lieu de fon crû fans un congé ; il doit le droit de gros qui eft réglé fur le prix de la vente ou fur le tarif de l'évaluation arrêté dans chaque Election. Le congé , dont on pourroit faire un acquit à caution , doit contenir l'évaluation du vin tranfporté comme fa quantité ; ainfi le droit pourroit être perçû à tant pour cent de la valeur énoncée , foit à la fortie du Royaume , foit aux entrées des Villes pour y être confommé : l'impôt continueroit d'être plus fort dans les lieux où la confommation doit être renchérie ; mais par-tout il feroit proportionné aux diverfes facultés des confommateurs , à la valeur intrinfeque des productions. Ce droit feroit clair dans l'énoncé , d'un compte facile ; en cas d'augmentation nul embarras.

Le congé converti en acquit à caution devant être rapporté dans un certain efpace de tems au lieu où il a été levé, il paroît que les droits du Roi & l'intérêt du Fermier feroient à l'abri de toute furprife ; l'embarras du voiturier ne feroit pas plus grand de porter un acquit à caution, qu'un congé, qu'il doit, fous des peines affez féveres, repréfenter à chaque inftant : le renvoi de l'acquit n'eft pas une formalité plus gênante que d'accufer la réception de fon vin au Commiffionnaire qui l'a envoyé.

Cependant une méthode pareille, fi elle eft auffi praticable que l'apparence le promet, donneroit un accroiffement infini au Commerce extérieur ; & dans l'intérieur la répartition de l'impôt fe trouveroit plus équitable entre le riche qui confomme les vins chers, ceux des claffes mitoyennes qui fe contentent d'une qualité médiocre, & le pauvre qui confomme comme il peut.

Il eft de prétendus politiques grands fectateurs de l'obfcurité des droits : les gens fimples ne voyent pas fi loin ; & ils regardent comme une vérité évidente par elle-même, de dire qu'il importe aux intérêts du Prince, au bon ordre des Finances, à la fûreté du Peuple &

à l'augmentation du Commerce, qu'il regne une grande clarté dans la perception, & dans ses regles.

Ce que l'on propose pourroit souffrir plus de difficulté à l'égard des Pays où les Aides n'ont point cours ; mais dans presque tous on perçoit des droits sur les liqueurs sous d'autres noms : d'ailleurs il faut que celles qui en sortent pour entrer dans les Provinces où les Aides ont cours, fassent des déclarations à leur passage : ainsi il n'y auroit pas plus de difficulté réelle qu'à présent.

Il est certainement malheureux pour la France, de voir son Commerce rétréci dans les entraves de vieilles coûtumes, introduites dans un tems où toutes ses Provinces partagées en diverses Souverainetés se traitoient avec défiance. Un étranger, à voir la diversité de nos usages, ne croiroit point que tous ceux qui portent le nom de François, forment un seul corps de Nation sous un même Législateur. Cependant si l'on veut s'y bien prendre, il ne sera peut-être point impossible avec le tems de convaincre les plus obstinés de l'avantage de l'uniformité, ni même de les y déterminer.

A l'égard de cette feconde différence qui exifte même entre les Provinces où les Aides ont cours, le bon ordre ne permet pas de la tolérer : mais fi l'ouvrage paroît trop confidérable, elle eft encore compatible avec ma propofition. Il en réfulteroit feulement que tels vignobles payeroient les droits de gros fur le pied de fix pour cent par exemple, tandis qu'un autre les payeroit fur le pied de cinq pour cent feulement, quoique meilleur. C'eft un mal fans doute ; mais il fera bien moindre que lorfqu'un muid de mauvais vin payera feize livres de fortie du Royaume, tandis que le muid des plus grands vins n'en payera que dix livres, ou que l'entrée de Paris fera auffi chere fur l'un que fur l'autre.

On n'entend pas cependant encourager le maintien de certains réglemens particuliers, directement contraires au bien & aux vûes de l'Etat. Celui de Normandie eft tel, que l'on femble avoir étudié les moyens d'empêcher la fortie des vins de cette Province pour l'Etranger : on a réuffi ; au Havre les droits fur les vins font les mêmes, foit qu'ils paffent debout ou non ; à Rouen l'Ordonnance les aftreint à payer cinq liv.

quinze fols onze den. en paffant debout, fans compter le droit de fubvention par doublement, l'augmentation, &c. à Dieppe les vins ne peuvent être entrepofés que pendant fix femaines ; il faut que l'Armateur fe trouve un vaiffeau prêt à point nommé, que le vent & les marées foient d'accord avec la regle établie ; en vain un Négociant aura-t-il reçû des avis favorables pour former une fpéculation, il eft prefque impoffible qu'il en profite : l'occafion feroit paffée avant que les vins fuffent arrivés ; & il lui eft défendu de les entrepofer pour y fpéculer ! Il eft de toute vérité que jamais le Fermier n'a perçu dix piftoles de cette maniere, que le Roi n'en ait perdu en même tems plus de quatre cent.

La prétention du prépofé à la perception des droits d'Infpecteur aux boiffons à Nantes eft bien plus criante ; il veut que les boiffons deftinées pour l'étranger ne féjournent dans cette Ville que trois jours lorfqu'elles arrivent par terre, & huit jours lorfqu'elles arrivent par eau. Un Arrêt du Confeil de 1707 avoit accordé fix mois ; mais quel rifque court un prépofé à détourner le fens de la Loi, à troubler une branche de Commerce ou de Navigation? On n'en a jamais vû punir un feul pour avoir furpris la Religion des Miniftres, & fouvent ils ont réuffi. Telle eft la folution d'une infinité de contradictions apparentes dans les réglemens ; car nul homme de bon fens ne peut douter que leur efprit ne foit invariablement le même, que le Légiflateur n'ait fans ceffe l'utilité publique pour premier motif ; mais des faits artificieufement déguifés font mis fous fes yeux, & lui arrachent des décifions contraires à fa volonté.

Il eft certain que fi le Confeil a jugé en 1707 & en 1710, que le Commerce des vins & eaux-de-vie à Nantes avoit befoin d'un entrepôt de fix mois pour le moins, il devoit croire par les mêmes raifons en 1680, qu'un entrepôt de fix femaines n'étoit pas fuffifant à Dieppe.

Qu'étoit devenu l'efprit de ce bel Edit en faveur des étapes & entrepôts dans les Villes maritimes ?

Les remarques qui reftent à faire fur l'Ordonnance des Aides feront courtes, puifque l'objet le plus important a été parcouru. Cependant on ne peut encore s'empêcher de fe récrier fur les privilèges des Bourgeois fur les bois, beftiaux & autres denrées provenant de leurs terres. Dans le droit politique pourquoi le propriétaire des terres, le feul véritable riche de l'Etat, paye-t-il moins fur fes confommations que les autres fujets qui vivent de leurs bras ? Eſt-ce pour punir l'homme induſtrieux de fon travail ?

Il paroît que les droits d'entrée fur les vaches devroient être auffi forts que fur·les bœufs, en faveur de la confervation de l'eſpece & de l'abondance des laitages fi utiles pour la nourriture facile des pauvres. La défenſe aux Bouchers & autres d'acheter le bétail dans les vingt lieues aux environs de Paris, ailleurs que dans les marchés indiqués, ſemble contraire au foulagement des cultivateurs, en les contraignant de faire des voyages, des déplacemens pour conduire leur marchandiſe dans un lieu où l'abondance diminue les prix. Le payement du droit ne fe feroit-il pas également à l'entrée du lieu de la confommation ?

Pour le dire en paffant, on croit fouvent faire l'éloge de la police de Paris, en difant que depuis quarante ans le prix de la viande y eſt fixé au même taux : un propriétaire de terres tient ce langage comme un rentier ; mais le premier s'entend-il lui-même, & que veut-il dire, sinon qu'on a sagement empêché par les Loix le loyer des herbages d'augmenter ? Si les faveurs accordées à l'Agriculture avoient multiplié les prairies & l'espece du bétail, le bon marché de la viande en eût résulté naturellement ; mais on sait assez que nous sommes plûtôt dans la disette que dans l'abondance sur cet article, puisque nous sommes forcés continuellement de tirer du bétail de l'étranger : nos Loix de police n'ont donc fait autre chose que de soulager l'habitant de la capitale aux dépens des Provinces & des campagnes. Par quelle fatalité notre agriculture est-elle attaquée de tous côtés !

Si le droit de vingt-quatre deniers pour livre sur le poisson frais & salé étoit le seul qu'on perçût, on diroit que l'intérêt de nos grandes pêches a été peu ménagé, quoiqu'elles ne soient pas moins intéressantes à la prospérité de l'Etat que l'agriculture même. Dans les Villes la plus grande partie du Peuple est nécessairement composée d'artisans & autres manœuvriers, dont il ne convient pas de trop renchérir la fubfiftance, & pour lequel le produit de nos pêches pourroit être une manne, même pendant les jours gras ; il étoit donc peu réfléchi d'impofer fur le poiffon falé le même droit que fur le poiffon frais à l'ufage des riches. La véritable proportion étoit fix deniers pour livre, tandis que le poiffon frais eût payé trois fols fix deniers : mais hélas ! fur quoi porte cette obfervation ? Ces vingt-quatre deniers pour livre font noyés aujourd'hui dans l'immenfité des droits qui fe perçoivent prefque à l'égal fur l'un & fur l'autre.

Il refte cependant un motif d'efpérance ; l'abus eft tel qu'il eft impoffible qu'on ne vienne à appercevoir un jour l'augmentation confidérable qu'une diminution de droits pourroit produire fur cette branche de revenus. La confommation du néceffaire & celle du fuperflu ont diminué à proportion de l'excès de l'impofition au-delà des bornes marquées par les facultés des contribuables. La difcipline Eccléfiaftique a été négligée au mépris de la Religion, & avec une grande perte pour les forces maritimes de l'Etat. Faut-il donc être un grand fpéculateur pour imaginer que la confommation du poiffon falé de-

viendroit feconde néceffité en France
comme dans les autres pays, fi le prix
étoit proportionné aux facultés du Peuple? Et ce point une fois établi comme
vrai-femblable, n'eft-il pas clair que fi
le produit eft de mille livres, le total
des droits à trente pour cent; il mon-
teroit à fix mille livres, le droit à cinq
pour cent par l'abondance des confommations. La proportion fera la même
fur le poiffon frais, fi le droit eft réduit
de cinquante à quinze pour cent.

Le droit de marque dans les Papete-
ries n'eft pas confidérable; mais moins
l'objet étoit important, moins le Reglement étoit digne de M. Colbert; on
croiroit en le lifant qu'il s'agit d'une
Manufacture d'Indiennes tolérée par
l'Etat en faveur du Commerce étranger
feulement. Le droit, puifqu'on en vouloit un, ne pouvoit-il pas être perçu
aux entrées des Villes fans troubler des
Manufacturiers de jour & de nuit au
gré d'un Commis? fans aftreindre la
marchandife à des tranfports coûteux
dans un Bureau, & le Fabriquant à des
formalités qui le déplacent, lui font perdre du tems & le découragent? Que
penfer, par exemple, de la néceffité
qui lui eft impofée par cette Ordonnance,

ce, de faire marquer son papier un mois après qu'il est collé, de le faire emballer en présence du Commis, & de le garder en cet état jusqu'à ce qu'il soit expédié ? Pour faire sentir jusqu'où portent ces sortes de vexations sur le Commerce, observons que l'article septieme dispense de la marque les papiers d'Auvergne & d'Angoumois. Ils y avoient d'abord été soumis comme les autres, mais le Commerce en fut suspendu sur le champ ; la raison est que ces papiers devoient porter la marque d'Hollande pour être consommés, comme si l'on imitoit l'espece de papier que les Génois envoyent aux Colonies Espagnoles, il faudroit le marquer de méme pour le vendre. Ce motif est un peu différent de la raison ridicule du Commentateur Jacquin, Financier dur & sans vûes ; mais d'ailleurs très-versé dans la connoissance des Edits relatifs à sa partie.

Il ne paroît pas moins surprenant qu'un Ministre aussi favorable aux Manufactures, ait continué d'assujettir les forges à un droit dont le produit a toujours été peu proportionné au trouble & au découragement que sa perception apporte dans le Commerce. Le seul

Tome III. O

moyen d'en tirer quelque parti a été de forcer par des rigueurs inconcevables les Maîtres de forges à des abonnemens. Sans faire passer ce produit par tant de mains, sans créer autant de Commis privilégiés qu'en entretient la Régie de ce droit, le Roi l'eût facilement fait entrer dans ses coffres par une imposition équivalente au travail présumé de chaque forge.

Pour avoir quelque idée de régie de Finance dans une Manufacture, il faut sçavoir que pour un arrondissement composé d'un petit nombre de forges, il y a un Directeur, des Contrôleurs, & deux Commis à chaque fourneau, tous gens privilégiés. L'entrepreneur est obligé de tenir des Registres très-exacts du poids des fontes, de les faire numéroter par chiffres, de mentionner l'heure de la coulée & de la pesée, de fournir des hommes deux fois par jour pour les pesées, & de les distraire des travaux qui souvent ne peuvent être suspendus sans préjudice pour l'ouvrage. La plus legere omission ou différence sur chacun de ces points, produit un procès, dont la suite oblige l'Entrepreneur d'abandonner ses occupations, afin de mettre sa bonne foi en évidence. Ces

Commis font fouvent eux-mêmes la caufe des oublis ou négligences, en débauchant les ouvriers ; de maniere que le droit en foi n'équivaut pas au quart des defordres que la Régie apporte dans une forge.

Un article de cette même Ordonnance qui paroît s'accorder peu avec la fûreté publique & le bien de l'agriculture, c'eft d'obliger un particulier qui tire une utilité de fon champ, de le laiffer défoncer pour en tirer de la mine de fer, fur le pied d'un fol par tonneau. Si cette terre étoit en friche ou abandonnée, rien de plus fage ; mais fi elle eft cultivée, elle occupera fûrement plus d'hommes par fa culture que par la Manufacture de fer. Il fembleroit plus naturel & plus jufte de laiffer le propriétaire & le Maître de forges convenir de leurs faits à leur avantage commun, fans attribuer à une feule forge l'exclufif de la mine ; d'où réfulte un grand defavantage pour chacune dans la fonte, faute de pouvoir fe procurer les mixtions convenables, & une moindre qualité dans le fer.

Il eft également à propos d'obferver qu'aujourd'hui le prix d'un fol par tonneau n'indemnife plus le propriétaire du terrein fur le même pied qu'en 1682: Puifque l'occafion s'en préfente, il n'eft point inutile d'obferver que nos tarifs ont toujours annoncé une crainte peu fondée de manquer de fer. Ceux de 1664 & 1667 impofoient à l'entrée & à la fortie les mêmes droits fur les fers de France que fur les fers étrangers. En 1701 la frayeur redoubla, fans doute; car le fer étranger ne payoit que trente-cinq fols du millier à l'entrée, & le nôtre dix livres en fortant. Ce n'étoit affurément pas la bonne méthode d'animer cette Manufacture; & fi l'on prenoit des mefures pour faire valoir la mine admirable de nos Pyrénées, au lieu de la porter en Efpagne la plupart du tems, nous aurions de quoi fournir l'Univers de fers & d'aciers excellens jufqu'à la confommation des fiecles. Il y a de quoi établir la plus belle & la meilleure fonderie de canons qui foit au monde; & l'Adour en porteroit à peu de frais les ouvrages à la mer. Quelle pofition! Les Pyrénées peuvent être plus utiles à la France, fi on met leurs diverfes reffources en valeur, que l'acquifition de la plus riche Province étrangere laiffée à fon choix. Des forêts immenfes en fapins,

qui peuvent être partagées en foixante-
dix coupes réglées de douze à treize
mille arbres chacune, d'une qualité
fupérieure pour la durée & la proportion à la qualité actuelle des mâtures
du Nord; d'excellens chênes, des plan-
ches de toute efpece ; des mines de cui-
vre, de plomb, d'étain, de cobolt,
de fer. Les entrailles de la terre n'at-
tendent que des mains induftrieufes
pour nous prodiguer à peu de frais des
richeffes que nous payons chérement
aux Etrangers. Il femble que tout ce
qui appartient aux travaux de la terre
foit méprifé, ou du moins négligé parmi nous.

Il eft un fentiment de douleur naturel à ceux qui aiment leur Patrie, lorfqu'ils réfléchiffent fur les caufes d'af-
foibliffement du Corps politique. Tel
eft l'effet néceffaire que produit la lecture de l'Ordonnance des Gabelles.
Une denrée, que les faveurs de la Pro-
vidence entretiennent à vil prix pour
une partie des citoyens, eft vendue chérement à tous les autres. Des hommes
pauvres font forcés d'acheter au poids
de l'or une quantité marquée de cette
denrée ; & il leur eft défendu fous peine
de la ruine totale de leur famille d'en

recevoir d'autre , même en pur don.
Celui qui recueille cette denrée n'a
point la permiffion de la vendre hors
de certaines limites ; les mêmes peines
le menacent. L'avidité du gain l'emporte fur la crainte , & la facilité d'éluder
la Loi l'avilit. Des fupplices effrayans
font décernés contre des hommes , criminels à la vérité envers le Corps politique ; mais qui n'ont point violé cependant la Loi naturelle. Les beftiaux
languiffent & meurent , parce que les
fecours dont ils ont befoin paffent les
facultés du Cultivateur , déja furchar-
gé de la quantité de fel qu'il doit en
confommer pour lui. Dans quelques
endroits même on empêche les ani-
maux d'approcher des bords de la mer
où l'inftinct de leur confervation les
conduit. Une occupation importante
dans l'Etat a prefque difparu , & elle ne
fera point nommée pour ne pas trahir
le fecret de quelques familles dont l'induftrie a jufqu'à préfent échappé aux
recherches. Tel eft à peu près le tableau que préfente l'impofition des Gabelles.

L'Ordonnance qui en regle la perception peut être belle , comme un raifonnement peut être conféquent , quoi-

que le principe en soit faux. Il est certain du moins que sa simplicité lui tenoit lieu de quelque mérite, & elle l'a perdu depuis.

Presque toutes les gênes qu'elle prescrit tiennent à la nature vicieuse de l'impôt ; car elles sont absolument nécessaires à la régie. De là l'embarras fatiguant & risquable de la collecte du sel : l'obligation imposée aux Collecteurs de la taille de donner des dénombremens exacts du nombre des personnes dans chaque famille, & l'amende portée en cas d'erreur malgré la difficulté de l'éviter dans une Paroisse qui tient l'espace d'une ou deux lieues, malgré l'intérêt de ces familles à tromper le Collecteur. Encore l'amende at-elle monté de vingt-quatre livres à cent cinquante. L'arbitraire accordé aux Asséeurs du sel, les emprisonnemens, les saisies, la solidité des habitans, le rejet sur les Paroisses ; toutes ces choses onéreuses, destructives de l'aisance & de l'émulation parmi le Peuple, sont cependant une suite indispensable de l'impôt. La défense d'employer le sel d'impôt à d'autres usages qu'à celui du pot & de la saliere est du même genre ; on peut à la vérité sur un certificat de pauvreté obtenir une permiffion particuliere, mais qui fuppofe une requête, un déplacement, des frais.

La diverfité des fituations a dû varier les regles de la perception à l'infini, les gênes ou la liberté du Commerce : auffi quelques Provinces font franches, par l'impoffibilité abfolue où il feroit de les traiter autrement ; d'autres font rédimées, quelques-unes mixtes, & dans certains cantons une Paroiffe jouit d'un privilége refufé à celle qui l'avoifine. Que de motifs réunis pour porter les hommes à manquer au devoir qui leur eft impofé ! & quels hommes ? des pauvres.

La Province de Normandie femble avoir été choifie pour être le théatre de toutes les rigueurs inconcevables & de toutes les efpeces de contradictions qu'emporte avec foi l'impofition des Gabelles. Dans quelques endroits il eft permis de faire du fel de bouillon, dont le quart appartient au Roi. Le nombre des bouillons eft limité dans chaque faline, & il ne peut y avoir que huit falines en travail dans un même jour. On a pris toutes les précautions poffibles pour que la Normandie ne vendît point

de

de sels aux Etrangers comme aux Sujets. Dans certaines Paroisses, la quantité du sel blanc que l'on peut consommer est fixée ; le reste doit être pris au Grenier. Dans d'autres le sel blanc peut être employé aux menues salaisons , & le sel du Grenier dans les grosses salaisons. Quelles sources de contraventions, de procès , de vexations , de châtimens !

Si on demande pourquoi les pêches du hareng & autres sont si médiocres sur les Côtes de Picardie & de Normandie , pourquoi nous n'avons pas en France le quart des matelots que comporteroit l'étendue de nos Côtes , de nos besoins , de notre population ; qu'on prenne la peine de lire le titre XV de la salaison des poissons ; tant de formalités , de gênes & de restrictions sont incompatibles avec l'inconstance des vents , la célérité d'expédition & la liberté nécessaire aux affaires du Commerce. Il est beaucoup plus sûr de ne pas envoyer à la pêche , & son profit ne compense pas les risques auxquels la moindre inadvertance expose de la part des Commis. La Hollande n'auroit certainement ni matelots ni pêcheurs , si elle observoit la même police ; le détail en feroit trop long & n'appartient pas à cet ouvrage : mais on prie tout homme impartial & bien intentionné de lire ce Reglement , de fuivre le produit de nos pêches jufqu'à leur confommation ; il fe demandera fouvent à lui-même , comment il eft poffible que la France ait encore des pêcheurs. C'eft par de femblables traits que l'on apprendra à connoître véritablement le génie & les forces intrinfeques de cette Nation ; aucune fur la terre ne l'a jamais égalée ; on le dit avec confiance, & nulle efpece de préjugé n'a dicté cet éloge ; il eft fondé fur des comparaifons & fur des faits. Elle n'a pas un feul défaut dont le Légiflateur ne puiffe tirer parti pour le bien général de la fociété. Que la barriere foit ouverte , & le fuccès paffera les efpérances les plus ambitieufes.

Il eft fâcheux , fans doute , d'être forcé d'abandonner des idées fi flateufes pour faire un retour fur les funeftes effets de l'impofition des Gabelles. C'eft cependant par le récit des dangers que court un malade , & en leur comparant les avantages d'une fanté brillante , que le Médecin le détermine à ufer de fes remedes. L'humanité frémiroit en

voyant la lifte de tous les fupplices or-
donnés à l'occafion de cet impôt depuis
fon établiffement. L'autorité du Légiflateur fans ceffe compromife avec l'a-
vidité du gain, que conduit fouvent la
néceffité même, lui feroit encore moins
fenfible que la dureté de la perception ;
l'abandon de la culture, le découragement du contribuable, la diminution
du Commerce & celle du travail, les
frais énormes de la Régie, lui feroient
appercevoir que chaque million en entrant dans fes coffres en a prefque coûté
un autre à fon Peuple, foit en payemens
effectifs, foit en non-valeurs. Ce n'eft
pas tout encore : cet impôt avoit au
moins dans fon principe l'avantage de
porter fur le riche & fur le pauvre ;
une partie confidérable de ces riches a
fçu s'y fouftraire ; des fecours legers
& paffagers lui ont valu des franchifes
dont il faut rejetter le vuide fur les
pauvres.

Enfin, fi la Taille arbitraire n'exif-
toit pas, l'impôt du fel feroit peut-être
le plus funefte qu'il fût poffible d'imaginer. Peu de perfonnes fe refuferont à
l'évidence des faits ; à l'exception peut-
être de quelques-unes qui y feroient in-
téreffées, ou qui chériffent les opinions

singulieres. Tous les Auteurs économiques & les Ministres les plus intelligens
dans les Finances ont regardé le remplacement de ces deux impositions,
comme l'opération la plus utile au sou-
lagement des Peuples, à l'accroissement
des revenus publics. Divers expédiens
ont été proposés, & aucun jusqu'à présent n'a paru assez sûr.

La Dixme royale, faussement attri-
buée à M. le Maréchal de Vauban, est
une spéculation digne d'un citoyen
bien intentionné ; au moins est-ce à
peu près sur ce plan qu'il faudra toujours travailler ; c'est au même but qu'il
faut tâcher d'arriver. Mais quand même l'exposé de ce projet ne présente-
roit par diverses contradictions, quand
même les calculs en seroient assis sur
de meilleurs fondemens, l'exécution
en grand présente des difficultés considérables. Les revenus publics ne pa-
roissoient pas assez assurés : il seroit très-
facile de les frauder ; & pour peu que
la perception s'en fît avec une certaine
exactitude, il est vrai-semblable qu'à
la longue, elle établiroit des formalités
très-préjudiciables à l'agriculture ; ceux
qui ont quelques idées de régie se le
persuaderont aisément.

· Il a été proposé de percevoir l'impôt dans les salines mêmes : mais en supposant cet expédient praticable , il peut être regardé comme incompatible avec la conservation du commerce des sels. Il faudroit rendre le droit à la sortie pour l'étranger ; premier objet de discussion entre le Fermier & le Negociant. Il ne faut pas croire que les navires étrangers viennent consommer des vivres dans nos Ports , payer des équipages & perdre du tems jusqu'à ce que les procès avec les Commis soient décidés. Les Etrangers ou les Nationaux feroient des versemens sur les Côtes ; nouvelle matiere de plaintes , de gênes & de formalités. Enfin pourroit-on être tranquille sur cette branche de Commerce , lorsqu'on voit qu'en 1714 le Fermier fit défendre la sortie des sels de Bretagne pendant trois mois , jusqu'à ce que sa provision fût faite ? Le muid tomba à quinze livres , & comme c'étoit la saison où les étrangers viennent principalement l'acheter , ils s'en retournerent à vuide. L'Espagne & le Portugal profiterent de cette fatale opération , dont la Bretagne se ressentit pendant plusieurs années. Enfin , considérons ce qui se passe en Normandie.

Il feroit beaucoup plus fimple d'ajouter à la capitation de chaqye Province
la fomme qu'elle paye pour la confommation du fel, les frais déduits ; mais l'arbitraire refteroit ; les pauvres à la longue fupporteroient toute la charge. Cela s'eft paffé ainfi jufqu'à préfent au détriment de l'Etat & de la profpérité publique.

La Taille réelle, telle qu'elle eft affife
dans la Généralité de Montauban, dans
le Languedoc & ailleurs, eft l'expédient
le mieux combiné qui fe foit préfenté.
Mais indépendamment de quelques défauts qui fe rencontrent dans la partie
de l'induftrie, fon établiffement pourroit fouffrir des longueurs & des contradictions confidérables dans bien des
endroits ; les biens nobles font plus communs dans certaines Provinces que dans
d'autres ; la partie privilégiée de la Nation forme continuellement des prétentions relatives à l'origne des impôts :
tout abufives qu'elles font aujourd'hui,
la jurifprudence eft montée fur ces principes. On ne fe flate point d'être plus
heureux que les autres dans ce qui va
être propofé, quoique leur travail ait
fervi de bouffole : mais il eft utile que
chacun s'exerce fur les objets intéreffans

au bien de la société, parce qu'une idée même défectueuse peu devenir bonne entre des mains plus habiles.

S'il eſt convenable aux intérêts de l'Etat de remplacer la Taille, la Capitation & les Gabelles, il ſemble d'abord que ce devroit être par un impôt nouveau, dans lequel on ne feroit point paſſer les maximes de la Juriſprudence ſuivie dans la perception des droits ſupprimés. Le Roi peut ceſſer de les lever, & exiger un nouveau genre de tribut qui n'auroit rien de commun avec eux, & dont perſonne ne ſeroit exempt.

Il convient toujours à la ſûreté des deniers publics d'avoir un grand fonds aſſuré, qui paſſe ſans frais par un petit nombre de mains ; c'eſt un grand avantage qu'a la Taille ſur les autres impôts : ſi l'induſtrie étoit en ſûreté contre l'arbitraire, il eſt conſtant que la forme de la perception eſt très-avantageuſe : & elle le feroit encore plus en la ſimplifiant.

Pour que la rentrée des revenus ſoit exacte & facile, il faut que les impôts ne portent pas tous ſur un ſeul objet.

Pour que toutes les claſſes du Peuple ſe ſoulagent & ſe ſoutiennent mutuellement, il faut que toutes payent une portion des tributs.

Le poids de l'imposition ne décourage pas autant les classes industrieuses, que l'arbitraire de son assiette, l'incertitude de la propriété, & la crainte continuelle de paroître industrieux.

Il y a des hommes qui n'ont d'autre revenu que celui de leur journée; il ne faut pas que ces hommes payent au-delà de la proportion de leur salaire, car il renchériroit; mais il ne convient peut-être pas qu'il n'ayent pas besoin de travailler tous les jours ; car s'il est vrai que le goût & l'exemple de l'aisance inspirent l'émulation au travail, il l'est également de dire que l'habitude d'une grande pauvreté nous engourdit quelquefois sur le bien-être & nous conduit à l'oisiveté.

Il est important au bien de l'agriculture & au bon marché des salaires, que l'imposition dans les Villes soit plus forte que dans les campagnes. Comme il doit nécessairement y avoir des pauvres ou des artisans dans les Villes, il convient pour la sûreté & l'agrandissement du Commerce que l'imposition y tombe principalement sur les riches.

L'agrément & la commodité des Villes y appellera toujours ceux qui auront
les facultés néceſſaires pour y ſubſiſter
à leur aiſe.

On a cru devoir tracer la marche des
idées qui ſe ſont préſentées en réflechiſ-
ſant ſur cette matiere, afin de faciliter
au Lecteur le moyen de ſaiſir ce qui va
être propoſé, ou de le rectifier.

Pour ne pas courir riſque de ſe tromper, ſuppoſons dans le Royaume quatre millions de feux de quatre perſonnes chacun ; autrefois on les comptoit
ſur le pied de cinq : mais depuis que
la corruption des mœurs & l'influence
d'un luxe qui n'a point l'aiſance générale pour principe, a rendu le célibat
un état plus heureux dans les Villes,
depuis que le mariage eſt devenu une
ſurcharge dans les campagnes, il paroît
qu'on ne peut évaluer les feux à plus
de quatre perſonnes chez les pauvres
artiſans, les journaliers de campagne
& les petits Fermiers. Ce n'eſt point
d'ailleurs qu'il n'y en ait vrai-ſembla-
blement plus de quatre millions dans
la totalité du Royaume : ainſi l'excédent reviendroit en bénéfice ſur ce calcul. Des quatre millions de feux, on

en fuppofe deux millions cinq cent mille répandus dans les campagnes.

La claffe la plus baffe fera compo-
fée de fimples manœuvriers , qui fub-
fiftent du prix de leur travail journalier
chez d'autres Cultivateurs , & du produit d'un quart de journal de terre environ, attaché pour l'ordinaire à leur mai-
fon en forme de jardin.

On peut leur fuppofer deux cent
jours de travail dans l'année , dont une
moitié leur eft payée dans la plus grande partie de la France à dix fols , &
l'autre moitié à douze fols , ce font cent
dix livres. Le travail de leur femme
étant évalué à trois fols par jour en fi-
lage de lin , de chanvre & autres ouvrages , ce font trente-trois livres; &
le total formera un revenu de cent qua-
rante-trois livres ,

Examinons la dépenfe.

La confommation du pain
n'ira pas à moins de trois livres par jour à un fou la   liv. fols.
livre  .    .    .    .    . 54 15

Cinq livres de lard , viande , ou autre nourriture fub-
ftantielle par femaine, à deux
fols trois deniers la livre ,

| | liv. | fols | d. |
|---|---|---|---|
| De l'autre part... | 54 | 15 | |
| le Carême retranché . . . | 20 | 15 | 3 |
| La confommation du cidre & autres autres boiffons à un fol par jour . . . | 18 | 5 | |
| Chauffage, lumiere.... | 6 | | |
| Loyer . . . . | 6 | | |
| Habillement . . . | 16 | | |
| Œufs, laitages, &c. ... | 4 | | |
| Sel, Tailles, Capitation.. | 3 | 10 | |
| | 129 | 5 | 3 |

Ainfi le profit eft de quatorze livres environ, en fuppofant qu'il n'arrive point d'accident, & que les vivres foient continuellement autour du niveau fuppofé. Il feroit poffible d'augmenter ce produit en retranchant quelques fêtes; & de lui-même, il s'accroîtroit infenfiblement, fi l'aifance pénétroit dans les campagnes. Il eft furprenant que l'Etat n'ait pas encore eu recours à cet expédient dans les diverfes détreffes qu'il a éprouvées. On peut fuppofer que fur feize millions d'ames, il y en a fix millions qui ne vivent que du produit qu'ils retirent des jours de travail, & que leurs journées valent

dix fols l'une dans l'autre. Auffi au calcul le plus bas, chaque jour de fête coûte
trois millions aux pauvres de l'Etat. On
peut fans nuire au culte retrancher
vingt de ces fêtes, & dans l'inftant on
rend au Peuple foixante millions. Cette
grace ne lui valût-elle que trente millions, voilà la moitié de fa taille & de
fa capitation payée. Il n'eft pas poffible
que ce foulagement important éprouve
quelque oppofition de la part des Miniftres éclairés de la Religion : ils fçavent,
fuivant l'expreffion de Saint Chryfofto-
me, que les Saints n'aiment point à être
honorés avec l'argent que pleurent les
pauvres ; enfin on fçait que ce grand
nombre de fêtes n'exifte que depuis le
Regne de Charlemagne, fous lequel on
n'en connoiffoit que trois annuelles &
quatre ou cinq autres. Le fuccès de cette
réforme ne laifferoit pas cependant d'ê-
tre borné dans les campagnes, tant que
la taille y refteroit arbitraire, & que le
Commerce des grains refteroit dans fon
état de prohibition.

Sur le pied actuel, chacun de ces
feux paroît pouvoir payer deux livres
dix fols pour tout impôt, & les deux
millions cinq cent mille feux fuppofés

exister dans les campagnes
pourroient y être taxés
uniformément . . . . . .  liv.
5000000

Mais comme les jour-
nées sont plus utiles à mesure que le colon y ajoute
une nouvelle industrie, il
paroîtroit convenable d'e-
xiger quelque chose de plus
à proportion du fermage
qu'il tient.

D'un autre côté, le pro-
fit du Fermier d'un héritage de trois cent livres de
rente est proportionnellement plus fort que celui
d'un héritage de cent li-
vres; & même plus le fer-
mage est considérable, plus
il y a d'économie & de
bénéfice dans la culture;
ainsi la taxe devroit être
proportionnellement plus
forte sur les grosses Fermes que sur les médiocres,
& sur les médiocres que
sur les petites.

Réglons la taxe à un sol
pour livre du fermage sur

liv.

De l'autre part...   5000000

les héritages de cent à deux cent livres de rente.

A un fol fix deniers fur ceux de deux cent à quatre cent livres de rente.

A deux fols fur ceux de quatre cent à fix cent.

A deux fols fix deniers fur ceux de fix cent à huit cent.

A trois fols fur ceux de huit cent à mille.

A trois fols fix deniers fur ceux de mille à quinze cent livres de rente.

A quatre fols fur ceux de quinze cent à deux mille.

A quatre fols fix deniers fur ceux au-deffus de deux mille livres.

On fuppofe une taxe de vingt fols par arpent de vigne les plus communes, & à proportion fur les meilleures : dix fols par arpent de bois : trois livres par

liv.

De l'autre part... 5000000

arpent de 'pâturages gras.

On suppose huit cent cinquante - un mille cinq cent Fermes en terres labourables ; & on les distribue ainsi.

Deux cent mille à 150 liv. de rente l'une dans l'autre, la taxe à un sol par livre . . . . . 1500000

Trois cent mille à 300 liv. l'une dans l'autre, la taxe à 1 s. 6 den. pour liv. 6750000

Deux cent cinquante mille à 500 liv. l'une dans l'autre, la taxe à deux sols pour livre . . . . 12500000

Cinquante mille à 700 liv. l'une dans l'autre, la taxe à deux sols six deniers pour livre . . . . 4375000

Vingt mille à 900 liv. l'une dans l'autre, la taxe à trois sols pour livre... 2700000

Quinze mille à 1250 livres l'une dans l'autre, la taxe à trois sols six de-

_____

32825000 .

liv.

De l'autre part...    32825000

niers pour livre  .   .   .    3281250

Dix mille à 1800 livres
l'une dans l'autre, la taxe
à quatre fols pour livre ...    3600000

Six mille cinq cent à
2500 l. l'une dans l'autre,
la taxe à quatre fols fix
deniers pour livre  .   .    3656250

Trois millions d'arpens
de pâturages gras à 3 livres    9000000

Six millions d'arpens de
vigne à trois livres l'un
dans l'autre  .    .    .    18000000

Douze millions d'ar-
pens de bois à dix fols
l'un dans l'autre  .  .  .    6000000

Il feroit jufte que le
propriétaire de la terre,
exempt de Capitation &
de Gabelle, dont le reve-
nu augmenteroit fans ceffe
avec l'aifance des Culti-
vateurs, contribuât pour
fa part aux revenus pu-
blics. Le produit de nos
terres a été évalué à fix
cent millions dans la dif-

_____

76362500
tribution

liv.

De l'autre part... 76362500

tribution des Fermes ; mais il y a des terres privilégiées pour environ cent vingt millions : ainsi il n'en reste aux particuliers imposables que quatre cent quatre - vingt millions environ ; les maisons des Villes & des Bourgs n'y sont point comprises. On pourroit imposer le vingtieme en attendant que l'exactitude des déclarations permît de se restreindre. Ce seroit même un motif de plus pour engager ceux dont les déclarations sont justes à fournir les moyens de rectifier les autres ; un moyen bien juste de hausser le produit, ce seroit d'évaluer sur le pied des meilleurs fonds les terres soustraites à l'utilité publique pour les convertir en cultures d'agrément, le vingtieme ci . . . . 24000000

Total passé . . . 100000000

*Tome III.* Q

Je n'ai parlé jufqu'à préfent que des terres & de ceux que leur culture fait fubfifter : l'avantage de cette methode confifteroit en ce que la taxe du culti-vateur & celle du propriétaire des ter-res fe vérifieroient mutuellement ; il eft facile de combiner ce que le Prince retire de chaque Paroiffe à raifon de la taille, de la capitation & de la con-fommation du fel. Si l'on craint de per-dre dans l'affiette du nouvel impôt, il feroit facile de fixer d'abord une fom-me à impofer pour tous ces objets dans chaque Paroiffe & fuivant le plan pro-pofé ; en remettant l'excédent, s'il s'en trouve, aux habitans. Par ce moyen, chacun feroit intéreffé à découvrir la véritable valeur du fermage de fon voi-fin ; & l'on feroit affuré en deux ou trois années, foit de la portée de l'im-pôt, foit de la fidélité des déclarations. Lorfqu'elles feroient une fois affurées, il conviendroit au bien de l'agriculture & à l'encouragement de l'induftrie de ne les renouveller que tous les trente ans.

On conçoit une partie des objections que l'on peut faire, & il femble que leur folution ne feroit pas impoffible s'il s'agiffoit de traiter la matiere à fond.

En cas d'augmentation ou de diminution de l'impôt, on connoîtroit exactement la portée de la remiſe ou de la crue : nulle diſcuſſion entre les contribuables ; la Loi ſeroit fixe, le plus ſimple ſçauroit ce qu'il doit payer & ce que doit payer ſon voiſin. La nourriture des beſtiaux, principe de la fécondité des terres, & ſi négligée cependant, recevroit un accroiſſement infini de l'aſſurance où ſeroit le cultivateur d'en avoir autant qu'il le pourroit pendant le cours de ſon bail, ſans payer un ſou de taxe de plus : mêmes avantages pour les terres en friche, pour les mauvaiſes même qui ne laiſſent pas d'être ſuſceptibles de culture.

La ſeule fraude à craindre eſt celle des contre-lettres & des baux ſimulés : mais il ne paroît point impoſſible d'y remédier : 1°. en ordonnant que tout Fermier qui prouvera les conditions du bail ſimulé ſera déchargé envers ſon propriétaire de la ſomme convenue tacitement ; 2°. en permettant aux Paroiſſes de faire faire l'eſtimation des biens dont elles ſoupçonneroient les baux, par deux Experts que l'Intendant nommeroit ſur ſimple requête. En fait de déclarations de biens, le grand point eſt de commencer : le produit n'eſt peut-être

pas l'objet immédiat qu'on devroit fe
propofer dans les premiers momens ; la
vérité des bornages & des énuméra-
tions eft d'une autre conféquence ; &
l'on ne peut fe flatter d'obtenir le tout
à la fois.

Que les fuppofitions employées foient
fauftes, ou ne le foient pas, peu importe ici, puifque l'eftentiel eft la maniere de procéder : on ne prétend pas
non plus garantir l'exactitude de la diftribution qui a été faite, foit de la population dans les villes & dans les campagnes, foit du nombre & du revenu
des héritages ; il eft vrai-femblable même que le nombre des petites Fermes
eft moins grand qu'on ne l'a porté ; &
alors les feux feroient plus forts, le produit de l'impofition feroit plus confidérable ; mais dans des matieres auffi com-
pliquées on a cru devoir fuivre la diftribution la moins avantageufe, telle
qu'elle exifte dans quelques Provinces.
Après tout, le grand point eft de fçavoir fi nos terres privilegiées, ou non,
produifent au total fix cent millions de
revenu. Si elles produifent moins, on
peut impofer le dix-huitieme au lieu
du vingtieme, & hauffer les taxes pro-
portionnelles de fix deniers; il y aura en-

core de l'avantage pour les contribuables.

S'il étoit permis à quelques Paroisses voisines du Poitou ou de la Bretagne d'essayer ce plan ; on se persuade qu'avant trois ans beaucoup d'autres le demanderoient avec instance.

Il reste à pourvoir au remplacement dans les villages, dans les bourgs & dans les villes.

D'abord le dixieme du revenu à payer par le propriétaire des maisons du Royaume dans les Villes & Bourgs devroit rendre environ huit millions trois cent mille livres, sans compter les maisons privilegiées. On employe le dixieme des maisons dans les Villes & les gros Bourgs au lieu du vingtieme ; parce qu'il convient toujours de rendre le séjour & la propriété des terres plus favorables que le séjour des Villes, & la propriété des autres biens.

Dans les Villages, dont une partie des maisons sont des Fermes, ou dont les locataires sont des journaliers, il n'y auroit rien à changer à leur égard : mais il s'agit de pourvoir à la taxe des autres artisans qui s'y rencontrent.

Aux principes employés à l'égard des Cultivateurs on en ajoutera un autre ;

c'eft que les profeffions étrangeres à la
culture, qui font fous les yeux des Colons, doivent leur paroître moins heureufes que la leur : ainfi il paroîtroit convenable de taxer le Maître à neuf liv. à
raifon de fes journées, à quatre liv. à
raifon de chaque compagnon qu'il employe, & à cinq livres par piftole de
loyer qu'il occupe. Sur les Marchands
Merciers, &c. la taxe à raifon des
journées pourroit être évaluée quinze
livres, avec celle de huit livres par
piftole du loyer qu'ils occupent ; celle
d'un Cabaretier ou Aubergifte à vingt-
quatre livres, & fix livres par piftole
du loyer qu'il occupe. La taxe du Ta-
bellion ou tout autre homme de plume
& de Loi à vingt-quatre livres fimplement ; les Chirurgiens à douze livres,
les Maréchaux à dix livres.

Dans les Bourgs, il femble qu'il feroit à propos de laiffer fubfifter la même taxe fur les loyers ; à l'égard de la
taxe des journées, celle des artifans &
ouvriers ne hausferoit point ; mais elle
doubleroit pour tous les autres habitans. Quant à ces hommes qui n'ont
d'autre état que l'oifiveté, & qui ne
font point nobles d'extraction, il paroîtroit jufte de leur suppofer l'induftrie

la plus chere, puifqu'ils ont le moyen de vivre fans rien faire : ainfi on les fuppofe taxés à foixante & douze livres, à raifon de leurs journées.

Dans les Villes, le feul genre d'impofition convenable avec le dixieme des maifons, paroît être celui des droits fur toutes les confommations. Le grand fecret de la confection d'un tarif, c'eft d'examiner le produit du falaire le plus bas ; la confommation néceffaire qui doit être faite deffus, & d'établir le droit fur ces confommations néceffaires proportionnellement à la faculté de celui qui les fait. La proportion courante fur les premieres néceffités feroit d'environ fix deniers pour livre. Sur les fecondes néceffités, le fou pour livre peut rendre confidérablement ; fur ce qui approche du fuperflu, les deux fols pour livre ne peuvent nuire à la confommation ; fur le fuperflu à l'ufage des riches, 3 fols pour livre, & ainfi de fuite jufqu'aux rafinemens du luxe, n'en arrêteront point le cours : mais il eft extrêmement effentiel d'affranchir abfolument l'entrée & la fortie des matieres premieres, des ingrédiens propres à la teinture, des marchandifes fabriquées dans le Pays, & dont on tient magafin dans les Villes. Le feul inconvénient qui en puiffe arriver, feroit, par exemple, que dans une manufacture de toiles, les habitans ne payaffent rien à raifon de cette dépenfe: mais la perte eft legere en comparaifon du produit de cette même manufacture, que la moindre gêne troubleroit : bientôt on n'auroit plus ni toiles, ni magafins, ni marchands, ni perception.

Il n'eft pas moins effentiel, lorfqu'un tarif eft fixé à fa proportion, de ne l'augmenter plus ; car conftamment en peu d'années la confommation diminueroit. Quand même les droits excédens viendroient à être révoqués, il n'eft point du tout fûr que les denrées & la main-d'œuvre baiffaffent en même tems. Une expérience journaliere apprend que c'eft la chofe du monde la plus délicate, que d'augmenter ou de diminuer un impôt fur les confommations.

Cette partie mériteroit une difcuffion particuliere, & trop étendue pour cet Ouvrage. Il fuffit d'obferver que ce genre d'impôt eft demandé dans un grand nombre de villes ; que celles qui l'ont obtenu fe trouvent foulagées en payant davantage. Cependant, il en eft
peu,

peu, excepté Paris, où les riches ne fe
foient mal - à - propos fouftraits aux
droits ; & dans la Capitale même, indépendamment des abus dans cette partie, on peut dire que la proportion des
efpeces n'eft pas obfervée.

Tant de circonftances particulieres
influent fur l'affiette de cette impofition en chaque lieu, qu'il eft impoffible
d'entrer dans aucun détail. Trois ou
quatre principes bien fimples & très-
évidens font la bouffole de cette opération.

Pour évaluer en gros cependant la
portée de cet impôt, fuppofons que
les villes propres à recevoir un tarif
contiennent fept cent cinquante mille
feux : en évaluant leur dépenfe l'un
dans l'autre à fept cent livres, & le
droit moyen à dix pour cent, tous les
frais de régie évalués à fept millions
cinq cent mille livres, le   liv.
produit feroit . . . . . . . 45000000

Cet objet iroit fans dou-
te beaucoup plus haut ; car
dans les petites Villes il n'y
a gueres de feux qui dé-
penfent au-deffous de trois
cent livres par an; fuppofons que ce foit la feizieme

liv.

De l'autre part... 45000000

partie ; la dépenfe d'un autre feizieme à quatre cent
livres ; de deux autres fei-
ziemes à fix cent livres ; de
deux autres à neuf cent livres ; de quatre autres à
douze cent livres ; de deux
autres à quinze cent livres ;
de deux autres à dix-huit
cent livres : de deux au-
tres à deux mille cinq cent
livres ; cette proportion
produiroit une dépenfe
commune de douze cent
cinquante livres par feu de
cinq perfonnes , attendu
qu'ils font plus forts dans
les villes. Dans les villes
du fecond ordre, comme
Lyon , Marfeille , Bour-
deaux , Rouen , Nantes ,
&c. la proportion des dé-
penfes double prefque dans
les dernieres claffes du Peuple , & quadruple ou quin-
tuple dans les plus riches ;
de maniere que la dépenfe
commune ne va pas au-

**De l'autre part...** 45000000

deſſous de trois mille livres par feu. Dans les villes du troiſieme ordre, où
il y a quelque Commerce,
la dépenſe commune ne
ſera pas trouvée moindre
de deux mille livres. On
ne parle point de la capitale, parce qu'elle ſort de
toute proportion, par le
nombre des perſonnes dans
chaque feu, & par la dé-
penſe, qui doit paſſer mille
livres par tête. Si nous évaluons les villes du ſecond
ordre aux trois ſeiziemes
de la population des villes,
celles du troiſieme ordre
aux trois ſeiziemes, & les
petites villes aux dix ſeiziemes, la proportion commune des villes rendra dix-
ſept cent livres par feu ;
cependant comme il eſt di-
verſes natures de dépenſes
qui ne peuvent être aſſu-
jetties aux droits, on croit
la proportion de ſept cent

liv.

.De l'autre part... 45000000
livres par feu approchan-
te de la vérité, quant à ce
qui seroit soumis à l'im-
pôt.

A l'égard des sept cent
cinquante mille feux d'artisans & autres répandus
dans les bourgs & villages,
je suppose la taxe moyen-
ne à vingt-trois livres, le
produit feroit . . . . . . 17250000
Le dixieme du revenu
général des maisons. . . . 8300000
Si l'on y ajoute les . . . 100000000

On aura pour remplac-
cer les Gabelles, la taille
& la capitation, plus de... 170550000

Sur cette somme la plus forte partie
pourroit rentrer au Trésor Royal à
droiture & presque sans frais. Les quarante-cinq millions d'impôts sur les
consommations coûteroient un peu plus
aux habitans des villes : mais cette maniere de payer imperceptiblement &
volontairement est si douce, qu'elle
compense, & au-delà, ce désavantage :

il ne s'agit pas d'examiner si le Peuple paye beaucoup, mais s'il est heureux.

D'un autre côté, comme la perception est journaliere, elle peut faire remettre toutes les semaines des sommes considérables au Trésor Royal, & même à droiture si l'on veut laisser à chaque ville sa manutention sous les Réglemens qui lui seroient prescrits.

On a établi un calcul général sur la totalité du Royaume, afin d'éviter l'embarras des discussions des diverses coûtumes dans quelques-unes des Provinces qui administrent par elles-mêmes : mais on présume qu'en conservant à chacune ses priviléges, la totalité du produit se retrouveroit toujours la même, en leur assignant la quotité de l'imposition générale proportionnelle à leur étendue & à leurs richesses. Il est naturel de penser que, si cette forme & cette nature de contribution étoit plus favorable que les autres, les Provinces en feroient usage dans l'administration qui leur est confiée.

Il paroît probable que les Peuples payeroient plus facilement cette somme considérable de cent soixante & dix millions, qu'une moindre de quelques millions accompagnée des inconvé-

niens qui fe trouvent attachés aux impofitions arbitraires & à la nature des
Gabelles. Nous avons des objets de
comparaifon fous les yeux, puifqu'il eft
des pays exempts de Gabelles, & des
villes où les droits d'entrée ont été
fubftitués à la taille : & autant que les
informations prifes fur ces objets peuvent être fideles, il eft vrai-femblable
que l'aifance eft plus grande dans ces
endroits, quoiqu'on y paye une plus
forte fomme proportionnelle, que dans
d'autres foumis à ces impofitions vi-
cieufes. Si même on compare ce que
coûte la perception actuelle, avec la
dépenfe de la perception des impofitions projettées, on trouvera vrai-femblablement que l'augmentation de la recette ne provient pas de celle des charges, mais de la fimplicité & de l'économie de la Régie.

Dès-lors on ne croit pas fe tromper
en portant à foixante & quinze millions
la valeur que devroient avoir les Fermes générales, déduction faite des Gabelles : on pourroit même efpérer de
les porter plus loin par la fuppreffion
des Douanes intérieures, en réuniffant
les divers droits en un plus modéré qui
rendroit davantage. Un autre moyen

d'augmentation feroit encore de donner aux Fermes générales une nouvelle
conftitution, en les adjugeant réellement à l'enchere, ainfi que le prati-
quoient M. de Sully, M. Colbert, &
tous les Miniftres attachés à l'économie, comme au premier reffort de l'adminiftration, & en n'admettant que des
fujets utiles dans les Compagnies de
Finance. Celle des Fermiers Généraux
pourroit être bornée à quinze : deux
Compagnies de Sous-Fermes, l'une
pour toutes les Aides, l'autre pour tous
les Domaines, de vingt chacune, pourroient fuffire : & quand même on ne
croiroit pouvoir fe difpenfer de les
laiffer jouir des gains immenfes que l'u-
fage à confacrés à ces places, il eft évident que le furplus tourneroit au bénéfice du Prince & des Peuples, à qui
cette augmentation pourroit procurer
du foulagement fur d'autres parties. En
effet, fi quarante Fermiers Généraux &
quatre cent intéreffés dans les Sous-
Fermes retirent un bénéfice annuel de
quinze à feize millions, il eft évident
que quinze Fermiers Généraux & quarante Sous-Fermiers fe contenteroient
de cinq à fix, & que le Public en gagne-
roit dix.

R iiij

Ainsi l'article des Recettes générales & celui des Fermes, formeroient un total de deux cent quarante-cinq millions. Les postes, les bois du Roi, les Parties casuelles, le Clergé semble-roient pouvoir produire annuellement quatorze millions : ce seroit deux cent cinquante-neuf millions.

On croit qu'une taxe, dans les Villes seulement, sur les laquais, les carosses, les chaises à porteurs, ne rendroit pas moins de quinze millions, & elle ne se-roit pas moins nécessaire pour mettre un frein à la dépopulation des campa-gnes, que pour achever de répartir les impôts de la maniere la plus conforme à la justice distributive, en les éten-dant sur le luxe le plus grand, comme le plus onéreux à l'Etat. On ne sçau-roit trop répéter cette grande vérité, que le poids des tributs ne se fait sen-tir que par l'inégalité de son assiette. La force totale du Corps politique est im-mense ; mais l'action des parties est trop inégale.

Ces deux cent soixante-quatorze millions pourroient être portés facile-ment à deux cent quatre-vingt, par la réunion de quelques droits aliénés à vil prix. Cette imposition ne monte-

roit pas au cinquieme de l'argent qui
eſt dans le Royaume, & au ſeptieme
de la dépenſe générale, en ne la portant qu'à deux milliards, & elle va au
moins à trois milliards, ſuivant des
conjectures probables & modérées.
Autant qu'un particulier éloigné des
affaires peut former des conjectures
vraiſemblables, cette ſomme paroîtroit
néceſſaire pour travailler efficacement à
la libération de l'Etat par un rembourſement annuel de cinquante millions. En
créant des annuités à ſix ans de terme
ſur les cinquante millions à cinq pour
cent, on ſeroit en état d'opérer un
rembourſement de deux cent cinquante
millions, tant des Charges de Finance
les plus inutiles & les plus onéreuſes,
que des autres dettes. En ſuppoſant
que ces rembourſemens éteigniſſent
ſeulement des intérêts à cinq pour cent,
l'Etat ſe trouveroit libéré de douze millions cinq cent mille livres de rente ; &
en les conſacrant à de nouvelles annuités à ſix ans, on rembourſeroit encore
ſoixante-dix millions, de maniere que
dans la ſeptieme année on auroit acquitté pour trois cent dix millions de
dettes, & augmenté les revenus au
moins de quinze millions cinq cent mil-

le livres au total. Si l'état étoit mena-
cé d'une guerre, il pourroit disposer
d'une part des cinquante millions affec-
tés aux remboursemens, de l'autre des
quinze millions cinq cent mille livres,
dont les parties du trésor Royal auroient
été accrues. Alors la simple imposition
d'un second vingtieme pendant la guerre
suffiroit pour faire face pendant six ans
à une dépense extraordinaire de cent
trente millions, comme on l'a démontré plus haut.

Si la position des affaires étoit tranquille, on pourroit continuer un remboursement annuel de soixante - cinq
millions cinq cent mille livres, & six
années nouvelles suffiroient pour mettre
les peuples en état de ne plus éprouver
de nouvelles impositions dans quelques
occurrences que ce fût, tant que l'on
suivroit le même système de Finance :
car ce sont les grandes dettes qui sus-
citent les grands tributs.

D'ailleurs l'abondance que produi-
roient ces remboursemens feroit im-
manquablement baisser les intérêts, a-
nimeroit l'agriculture & le Commerce.
On verroit en peu de tems le produit
des Fermes augmenter considérablement ; sans compter les économies que

l'on pourroit pratiquer par la diminution du bénéfice des affaires de Finance, & l'amélioration de quelques parties fans augmenter les droits. On eſt
même perſuadé qu'une paix de dix années permettroit de diminuer, au moins
d'un quart, les impoſitions des campagnes, & de parvenir inſenſiblement à
ce ſyſtême de Finance, ſupérieur à toutes les économies d'argent, d'impoſer
dans la paix 80 millions de moins que
les peuples ne peuvent porter.

Il eſt aiſé de concevoir pourquoi dans
ce projet on a préféré l'impoſition du
vingtieme à celle de la Capitation. Cette derniere taxe eſt arbitraire, & porte
avec ſoi tous les inconvéniens de la
Taille ; elle ſemble plus propre à ſervir
de reſſource extraordinaire dans un
tems de beſoin, par la facilité de ſe
procurer des ſecours des riches dans
une proportion approchante de leurs
facultés, qu'à former une branche de
Finance pendant la paix. On a même
énervé tout l'avantage que peut avoir
cette impoſition dans des cas preſſans,
en fixant la capitation des charges de
maniere que dans un même corps le
moins riche paye autant que le plus
opulent. Le vingtieme au contraire eſt
une taxe proportionnelle, celui qui

posséde peu contribue de peu.

On est persuadé que le meilleur plan de Finance seroit celui dont chacun pourroit faire le calcul, & dont on n'auroit aucun intérêt à faire mystere. Celui-ci à cet égard auroit quelques avantages, & seroit peut-être propre à conserver la confiance publique, sans laquelle il est impossible de faire de bonnes opérations. On compte cependant beaucoup moins sur sa solidité, que sur l'indulgence ordinaire en faveur du zele pour le Public. Avec quelques communications de pieces sures, peut-être ne seroit-ce pas un travail long ni pénible, de constater bien clairement son imperfection ou ses avantages, la facilité ou les obstacles de son exécution.

Le grand objet qu'on a eu en vûe a été d'éviter l'arbitraire, d'approcher de l'égalité dans la distribution, de faire contribuer toutes les classes des sujets, d'éluder les longueurs & les difficultés de l'estimation des terres par la voie du cadastre, qui se feroit alors insensiblement ; enfin de parer à quelques inconvéniens que la Taille réelle auroit dans les Provinces où les biens nobles sont beaucoup plus multipliés qu'en Languedoc.

Cet ouvrage étant tout-à-la fois un

recueil hiftorique & politique, on ef-
perc que le Lecteur pardonnera ces fréquentes digreffions. Les faits ifolés euffent peut-être répandu fur cette lecture
une fécherefîe que l'intérêt de curiofité
n'eût pas été capable de réparer tout
feul ; & les réflexions féparées des faits
n'euffent pas répondu aux véritables
intentions dans lefquelles l'ouvrage a
été entrepris,

Nous avons laiffé les Finances dans
une crife où les précipite toujours l'aliénation des revenus publics & l'excès
de la dépenfe fur la recette. Il fut encore créé pour un million de rentes au
denier vingt, pour commencer le rembourfement de toutes les précédentes ;
la caiffe des emprunts continua d'aider foit aux rembourfemens avantageux, foit à remplir les avances fur lefquelles on vivoit depuis la guerre.

Il paroît que cette année la recette
devoit être de 73 millions 232700 liv.
charges déduites, quoique les tailles
euffent été diminuées de deux millions;
mais le Clergé accorda un don gratuit
de trois millions payables en quatre termes jufqu'à la fin de l'année 1682. Les
cinq groffes Fermes avoient été augmentées de 600000 liv. environ, fuivant les

conditions du Bail : cependant il ne
rentra qu'environ 70 millions.

|  |  |
|---|--:|
| La dépenfe arrêtée à 78 millions monta à 90 ; ainfi l'on dépenfa fur 1681 . . . . . . . | 78 millions liv. 20000000 |
| Il avoit été confommé en 1679 fur 1680, comme nous l'avons obfervé . . . . | 22000000 |
| Ainfi le total remplacé fur l'année 1681 montoit à . . | 42000000 |
| Il étoit dû encore aux Munitionnaires de terre & de Mer. . . . 4000000 | |
| Aux Maîtres de la Chambre aux deniers 800000 | |
| A l'argenterie . . . 600000 | |
| Aux Menus . . . . 300000 | |
| Aux Tréforiers des Ecuries & de la Venerie. . . . . . 300000 | 13000000 |
| Aux Bâtimens . . . 1000000 | |
| Aux Etapes. . . . . 1000000 | |
| Aux Fortifications, Ponts & Chauffées, Marine, Galeres . . . 1000000 | |
| Pour diverfes autres dépenfes. . . . . 4000000 | |
| Total à prendre fur 1681 | 55000000 |
| Il étoit dû à la Caiffe des Emprunts . . . . . . . | 15000000 |
| | 70000000 |

## A N N É E 1681.

« Pour foutenir les dépenfes de 1681,
difoit M. Colbert dans le projet d'é-
tats préfenté au Roi pour cette année , » il feroit néceffaire de réduire
» les dépenfes à foixante-huit millions,
» & même d'en retrancher encore deux,
» vers le milieu de l'année.

» Cependant il faut toujours affecter
» l'air d'abondance, & payer même
» les dettes qui feront demandées pour
foutenir l'intérêt des quinze    liv.
millions au denier vingt....   750000

» En foutenant le crédit,
» les rentes pourront pro-
» duire fix millions au denier
» vingt. . . . . . . .   300000

» Les prêts des baux au
» denier dix-huit feront de fix
» millions . . . . .   340000

» Il faudra avoir recours
» aux gens d'affaires pour un
» prêt de feize millions au
» denier dix ou onze. . . . .   1660000

» Ainfi le total des em-
» prunts fera de quarante-
» trois millions, & celui des
» intérêts à payer de . . . .   3050000

» En continuant de cette maniere,
» bientôt il se trouveroit deux ou trois
» années consommées.

» Les intérêts augmenteroient à l'in-
» fini, & le fonds des recettes diminue-
» roit à proportion.

» Si quelque occasion glorieuse au
» Roi se présentoit pour faire la guerre,
» les suites en deviendroient très - fâ-
» cheuses.

» Les fonds diminuant, & les em-
» prunts augmentant, le crédit s'anéan-
» tiroit ; & il est à craindre qu'il ne fal-
» lût en revenir aux quinze pour cent.

» Mais ce qu'il y a de plus impor-
» tant, & sur quoi il y a plus de ré-
» flexion à faire, c'est la misere très-
» grande des Peuples ; toutes les let-
» tres qui viennent des Provinces en
» parlent, soit des Intendans, soit des
» Receveurs généraux ou autres per-
» sonnes, même des Evêques.

» Si le Roi réduisoit les dépenses à
» soixante millions, on pourroit encore
» donner cinq à six millions de diminu-
» tion au Peuple sur les Tailles de 1682
» & 1683.

» Il seroit encore très-nécessaire d'ap-
» porter dans la suite de la paix quel-
» que Reglement sur la Fermes des Ai-
» des :

» des : la multiplicité & prodigieuse
» diversité des droits établis sur les avis
» de toutes sortes de Traitans pendant
» les guerres passées, expose les Peu-
» ples à beaucoup de violences & de
» vexations de la part des Commis.

» *Le principal point des Finances* con-
» siste selon moi à employer tous les
» ans au moins cent mille livres, &
» lorsqu'il sera possible, au moins cent
» mille écus, pour gratifier ceux qui
» font le Commerce de Mer, qui en-
» treprennent de nouvelles Compa-
» gnies , de nouvelles manufactures ;
» parce que ces moyens servent à main-
» tenir & conserver l'argent dans le
» Royaume, à faire revenir celui qui
» en sort , & à tenir toujours les Etats
» étrangers dans la nécessité & le be-
» soin d'argent où ils sont.

» Je puis espérer que si le Roi veut
» réduire les dépenses sur le pied que
» je propose sans passer, en deux ou
» trois années au plus, ses Finances se
» rétabliroient & seroient en meilleur
» état qu'elles ayent jamais été.

Je me suis fait un devoir de trans-
crire tout ce que je trouve écrit de la
main de M. Colbert, parce que ses
actions le peignent mieux & le louent

plus dignement que je ne pourrois le faire.

Je trouve que les dépenfes furent reglées à foixante & quatorze millions foixante & douze mille livres, en y comprenant quatre millions pour les intérêts & remifes, & quinze cent mille livres pour les rembourfemens.

Mais la dépenfe effective monta à cent trente-quatre millions cinq cent feize mille deux cent cinquante-deux livres & un fol, parce qu'il fut rembourfé cinquante millions.

| | liv. | f. |
|---|---|---|
| La recette des revenus de l'année devoit monter, les anciennes charges déduites, à ... | 80623730 | 15 |
| Il fut conftitué deux millions de rentes fur la Ville au denier vingt... | 40000000 | |
| La caiffe des emprunts devoit à la fin de l'année au Public ..... | 24000000 | |
| Il fut reçu par avance de Baux fur les Fermes unies . . . . | 6000000 | |
| *Idem* fur les Gabelles de Lyonnois . . . | 1000000 | |
| | 151623730 | 15 |

De l'autre part 151623730 15

La dépense étant de 134516252 1

Il reſtoit . . . 17107478 14

Pour payer les ſoixan-
te millions de dettes non
conſtituées , qui reſ-
toient en 1681 ; ce qui
les auroit réduites à la
ſomme de . . . 42892521 6

Sans doute que par conſommation
d'avance ſur 1682, il en fut payé neuf
millions cent cinquante-trois mille trente-trois livres un ſol ; car je trouve
qu'au dernier Décembre, les dettes exi-
gibles montoient ſeulement ; ſçavoir ,

La caiſſe des em- liv. ſ.
prunts . . . . 24000000

Reſtes dûs de l'anneé
1681 . . . . 3339488 5

*Idem* de l'année 1680
& des précédentes . . . . 3600000

Aux Munitionnaires. . 2000000

Pour les étapes . . . . . 800000

33739488 5

Pour les appointe-
mens du Conſeil & pen-
ſions de 1681 par ob-
miſſion dans l'Etat. . . 4000000

37739488 5

S ij

Mais avant de paſſer à l'année 1682, obſervons que dans celle-ci les baux des Fermes furent renouvellés, à l'exception de ceux des Gabelles de Languedoc, Rouſſillon, Provence, Dauphiné, Lyonnois : le bail commença au premier Octobre pous ſix années : le prix fut de cinquante-ſix millions ſix cent ſoixante-dix mille livres pour la premiere année, à condition de l'augmentation dans chacune des quatre années ſuivantes de cent mille livres ; de façon que dans les deux dernieres années, le prix devoit être de cinquante-ſept millions ſoixante & dix mille livres, Sçavoir :

Pour la Ferme générale des Gabelles de France,     liv. 17750000

à la charge de l'augmentation annuelle de cent mille livres dans le cas où la paix continueroit, & d'une diminution de deux cent mille livres par année de guerre. Cette clauſe prouve évidemment que les conſommations diminuent pendant le cours d'une guerre. Dès-lors ſi on les renchérit, elles diminuent encore dans la

liv.

De l'autre part... 17750000

même proportion. Cela prouve qu'il convient rarement d'augmenter ce genre d'impôt, lorsqu'il est porté à son point ; & que l'on ne doit pas tout-à-fait se borner à celui-là dans un Etat.

Pour la Ferme générale des Aides, entrées & droits y joints . . . . 22000000

Pour les cinq grosses Fermes . . . . . 11380000

Pour la Ferme générale des Domaines & droits y joints . . . . . 5,540000
                                        56670000

L'argent monnoyé à vingt-sept livres le marc, c'étoient deux millions quatre-vingt dix-huit mille huit cent quatre-vingt-huit marcs, ce qui reviendroit à cent quatre millions neuf cent quarante-quatre mille quatre cent livres à cinquante francs le marc.

L'article des Domaines explique une grande partie des remboursemens faits dans ces années : car en 1679, le produit étoit restreint à deux millions deux cent mille livres; ainfi le rachat eft de trois millions trois cent quarante mille livres, qui fur le pied de dix pour cent rendroient raifon de trente-trois millions quatre cent mille livres des nouveaux emprunts.

Voici le détail des droits cédés par ce bail.

Gabelles de France.

Droits de reventes à petites mefures.

Voye de fel du Rethelois.

Quarante fols de Bourgogne.

Douze deniers par livre de Maconnois.

Quart de fel de baffe Normandie.

Trente-cinq fols de Brouage.

Vingt-quatre deniers des Contrôleurs Confervateurs.

Droits de la Pointe.

Droits des Greffiers des Rôles de l'impôt.

Droits des Offices des Mefureurs, &c.

Gabelles de Metz, Toul. & Verdun.

Domaines & Salines de Lorraine & Comté de Bourgogne.

Ferme des Aides & entrées.

Pied fourché & poiffon de Paris.

Barrage.

Quatriéme de la Généralité d'A-
miens, Villes exceptées.

Eleétions de Bar-fur-Seine & Pon-
toife fujettes au quatriéme.

Quatriéme de Normandie.

Ancienne impofition du Poiffon,
pied fourché & bois.

Droit annuel, &c.

Subvention fur le détail où le huitiéme a cours & aux entrées des Villes
& lieux fujets au quatriéme.

Subvention fur le détail du reffort
de la Cour des Aides de Rouen & aux
entrées des Villes & lieux fujets au quatriéme.

Vingt fols fur muid de Cidre & Poi-
ré entrant & paffant dans la ville de
Rouen & banlieue & croiffant en ladite
banlieue, &c.

Trois livres quatre fols fur muid de
vin.

Marque de fer, neuf livres dix-huit
fols, & fol pour pot.

Contrôle des bieres.

Gros du Poiffon de Rouen.

Amiens cinq fols.

Autres des Généralités.

· Cinq fols fur muid de vin vendu en
gros en la Ville & banlieue de Rouen.

Droits des Vendeurs réunis.

Contrôle du Papier, &c. à l'exception de l'Auvergne & Angoumois.

Sol pour Rame de Paris, tiers retranché.

Marc d'or.

Pied fourché de Cotantin.

Impôts & Billots.

Poids au Duc, &c.

Moitié des Octrois.

Subvention & subfiftance des Villes, &c.

Tarif d'Alençon.

Droits de Rouen réunis.

Rentes & Charges locales dûes par les Engagiftes des Aides, des deux quartiers retranchés defdites charges fur les Aides réunis.

Entrées de Paris & Rouen.

Droits du Pont de Joigny, &c.

Trois fols fur le bois, &c. en entrant en la Ville de Paris, &c.

Droits du Papier & parchemin timbré.

Droits fur les eaux-de-vie entrant en la Ville de Paris.

Droits de la marque des ouvrages d'or & d'argent, &c.

Vingt-quatriéme d'Angoulême.

Droits de Vendeurs de Volaille, &c.

Sol

Sol pour livre de Vendeurs de poiſ-
ſon, &c. dans les ports.

Droits des cinq groſſes Fermes.

Douane de Lyon & Valence.

Prévôté de Nantes.

Rivieres de Colme.

Doublement des droits de ſubven-
tion, &c.

Trois livres pour Barrique d'Eau-
de-vie.

Cinq ſols anciens & nouveaux de
Calais.

Quinze ſols pour muid de vin &
pour barrique de ſel, &c.

Douze ſols pour baril de ſel entrant
à Boulogne.

Neuf livres dix-huit ſols pour muid
de vin, &c. à la réſerve du vin d'Eſpagne.

Neuf livres par tonneau de vin ſor-
tant de Calais.

Douze deniers pour pot de vin qui
y ſera vendu, &c.

Cinq ſols des acquits, &c.

Péage de Péronne, &c.

Entrées & ſorties de Flandres, &c.

Trois livres pour tonneau des Vaiſſeaux étrangers venans à Dunkerque,
&c.

Convoi & Comptablie de Bordeaux, &c.

Traites de Charente.

Trente livres pour muid de fel, &c.

Huit livres pour muid, &c.

Tablier de la Rochelle.

Moitié de la Coutume de Bayonne, &c.

Patente de Languedoc, &c.

Traite foraine d'Arfac, &c.

Bouille de Rouffillon, &c.

Droits d'abord & confommation, &c.

Papiers d'Auvergne & d'Angoumois.

Sol pour Rame de Paris.

Sortie des Vins par la Picardie, Soif-fonnois & Champagne, & des Vins, boiffons & eaux-de-vie defcendant par la riviere de Loire, &c.

Droits des Officiers des traites d'An-jou & autres qui font levés fur la ri-viere de Loire, &c.

Contrôle des toiles.

Tiers des droits du vin paffant à Taillebourg, &c.

Deux fols huit deniers pour muid de fel, &c.

Huit deniers pour muid paffant à Marans.

Droit de fret , &c.

Droits des Courtiers de Bordeaux.

Ferme du Domaine confiſtant , &c.

Droits ſur la vente du tabac, &c.

Sol pour livre peſant ſur l'étain fa-
çonné en Bretagne.

Deux ſols ſix deniers auſſi pour livre
peſant aux entrées du Royaume , &c.

Contrôle des exploits.

Domaines de Paris.

Droits des Juſtices réunies.

Droits de la traite domaniale de Bretagne.

Greffes , &c.

Inquans de Languedoc.

Contrôle des Greffes & des dépens.

Droits des préſentations , &c.

Droits non aliénés en ceux qui ont
été rachetés & réunis , &c.

Droits de Blaye.

Peſade d'Alby.

Droits du Royaume de Navarre , &c.

Domaine de Calais , &c.

*Idem* de Giſors , &c.

*Idem* de la Capelle , &c.

*Idem* de Rouſſillon , &c.

Domaine de Flandres.

Domaines de Provence.

Drogueries & Epiceries.

Table de mer, Poids & caffe de Marfeille.

Ecu par quintal d'alun, à la réferve de la confommation de Marfeille.

Deux pour cent d'Arles.

Autre deux pour cent du Fort Bayon, &c.

Autre Domaine de Marfeille.

Domaines de Rhodès, Rochefort, &c.

Brouage.

Domaine de Forêt, &c. haute & baffe Manche, &c.

Domaines de Rouen, &c.

Droits des Notaires de Normandie.

Domaine de Melun, &c.

Péage de Pont-fur-Yonne.

Terres ufurpées, &c. & réunies au Domaine.

Domaines réfervés.

Lods & ventes fur les rotures, fur les échanges, &c.

Droits feigneuriaux jufqu'à 2000 livres, jufqu'à fix de pareille fomme & du tiers de l'excédent.

Droits feigneuriaux dans les Pays réunis au Domaine.

Emphitéofes après l'expiration.

Faculté de retirer les Domaines engagés, &c.

Domaines ufurpés, &c. qui feront
rétablis, halles, boucheries, étaux,
échoppes, ouvroirs, places vaines &
vagues, droits de voyeries, péages,
&c. Communaux, marais, bleds,
avoines, grains, vin, foin, &c. Droits
de lods & ventes, faifines & amendes,
quints, requints, &c. aubaines, batar-
dife, deshérence, confifcation, amendes, &c. Refves, coffes de Narbonne,
coupes de Montpellier, denier Saint
André, loudenage de Carcaffonne, &
généralement de tout ce qui dépend
defdits Domaines.

Amendes des Confignations.

Amendes adjugées par les Maîtres
des Eaux & Forêts, à l'exception de la
moitié de celles de la Maîtrife de Com-
piegne, &c.

Dans l'article des cinq groffes Fermes étoit comprife obfcurément une
branche de revenus qui eft devenue une
des principales de l'Etat ; on parle de
la vente exclufive du tabac.

Nous avons vû le commencement de
l'ufage de cette plante dans la feconde
époque, & que le droit fur fon entrée
avoit été fixé à vingt fols par livre pefant. Pour la premiere fois la vente
exclufive en fut accordée à un Fermier

T iij

en 1674, avec les droits fur l'étain pour la fomme de cinq cent mille livres pendant les deux premieres années , & pour celle de fix cent mille livres pendant les quatre autres. Ces deux produits ayant été ainfi confondus , il feroit difficile de deviner à combien la partie du tabac feule étoit portée. Le prix du tabac du Royaume fut fixé à vingt fols en gros & à vingt-cinq fols en détail ; le prix du tabac étranger à quarante fols en gros & cinquante fols en détail.

Il paroît qu'en réuniffant ces deux droits aux cinq groffes Fermes , ils ne furent pas évalués plus haut. En 1687 le nouvel adjudicataire des Fermes en fut encore chargé fur le même pied jufqu'en 1689. Alors les Prevôtés démembrées du Barois furent réunies aux trois Evêchés ; & fe trouvant comprifes dans le corps de la Ferme , elles furent privées de la liberté du débit du tabac. Cette augmentation fut évaluée à fix mille livres.

Rien ne fut innové dans les baux de 1691 & de 1697 ; mais dans cette derniere année la vente du tabac fut diftraite du bail général , fur l'offre du fieur Duplantier de payer au Roi cent cinquan-

te mille livres , & de tenir compte annuellement à la Ferme générale de cent
mille livres pour tous droits d'entrées ,
sorties & transports du tabac pendant
son bail. Les choses continuerent sur ce
pied jusqu'à l'année 1714 , que le bail
fut passé pour six ans à Fittz moyennant
deux millions pour les deux premieres
années , & une augmentation de deux
cent mille livres pendant les quatre
dernieres.

Ce bail n'eut pas son entiere exécution , parce qu'en 1718 la Compagnie
d'Occident s'en chargea sur le pied de
quatre millions deux cent mille livres ,
à condition de tirer de nos Colonies les
tabacs à fumer & à raper , & d'y en fa-
voriser la culture. Le prix du tabac de
premiere qualité fut fixé en gros à quarante sols la livre & à cinquante sols en
détail , & les autres qualités à proportion.

Puisqu'on vouloit absolument tenter de
nouveau la fortune de l'exclusif, ce projet étoit au-moins digne d'une Compagnie de Commerce ; mais l'embarras des
circonstances ne lui permit pas de l'exécuter. Il étoit d'ailleurs mal - aisé que
des Négocians ne s'apperçussent pas

T iiij

qu'il est impossible d'améliorer aucun établissement sous le joug destructif des monopoles. Aussi en 1719 le droit sur le tabac fut-il converti en un droit d'entrée, avec défense absolue d'en planter dans le Royaume..

Les révolutions de 1721 replongerent le Commerce du tabac, & dès lors la culture d'une de nos plus belles Colonies, dans l'anéantissement. La vente exclusive fut rétablie en faveur de Duverdier pour neuf années; le prix de la Ferme réglé à treize cent mille livres pendant les treize premiers mois, à dix-huit cent mille livres pour la seconde année, à deux millions cinq cent mille livres pour la troisieme, & à trois millions pour les six dernieres années. Il fut tenu envers les Fermes unies de continuer l'abonnement de cent mille livres par an pour les droits d'entrée & de sortie.

Quoique ce Fermier eût stipulé une indemnité assez considérable en cas de résiliation, elle se fit en 1723. La Compagnie des Indes rentra dans la jouissance de la vente exclusive du tabac, moyennant une avance de quatre-vingt-dix millions qu'elle fit au Roi. En 1726 le prix de la vente fut fixé en gros à cinquante fols, & en détail à foixante fols.

Enfin en 1730 le privilége en fut réuni aux Fermes générales, moyennant fept millions cinq cent mille livres pour les quatre premieres années, & huit millions pour les quatre fuivantes. Il n'en a pas été féparé depuis.

Cette impofition eft d'autant plus douce qu'elle eft volontaire. Cependant M. Colbert la croyoit onéreufe au Commerce par la forme de fa perception. Qu'eût-il donc penfé, s'il eût affez vécu pour connoître les avantages de la Louifiane découverte depuis peu de tems avant fa mort ? Pour raifonner de cette matiere où regnent beaucoup de préjugés, il eft bon d'établir quelques maximes préliminaires.

Il eft évident que l'accroiffement de cette confommation n'eft pas dû au privilége exclufif de la vente ; au contraire, s'il eft vrai que le bon marché d'une denrée, qui n'eft pas d'une néceffité premiere, en accroiffe l'ufage, il eft probable que ce privilége nuit & a nui à l'accroiffement de la confommation.

Il eft conftant par expérience que les

tabacs de la Louisiane sont supérieurs à ceux de la Virginie ; que nous achetons des Etrangers pour environ quatre millions de cette denrée ; & que la liberté du Commerce jointe à quelque encouragement nous eût mis en état en moins de huit ans d'en vendre aux autres Nations pour une somme pareille, notre approvisionnement fait.

La liberté fut accordée en 1719, mais l'encouragement avoit manqué : les tabacs de la Louisiane n'étoient pas plus en état qu'aujourdhui de soutenir la concurrence des tabacs étrangers ; & l'exclusif effaça en un instant les traces du nouvel établissement.

Quand même le revenu du tabac seroit de cinquante millions par an, il n'égaleroit pas ce que la Louisiane en valeur produiroit annuellement à l'Etat au bout de six ans de soins seulement.

Jamais la Louisiane ne sera en valeur si les tabacs ne sont achetés, parce que c'est la culture la plus prompte, la plus sûre & la moins coûteuse. C'est par elle qu'ont commencé tous les Cultivateurs du sucre & de l'indigo, dont le Royaume aujourd'hui retire tant de millions.

Jamais les tabacs de la Louisiane ne

feront achetés à leur avantage fans la liberté du Commerce.

Trop peu de perfonnes parmi nous font encore en état de fentir ces vérités pour s'y arrêter : mais au moins ces propofitions préliminaires aideront à connoître combien il feroit avantageux de maintenir la balance entre le Commerce & la Finance.

Il ne s'agit point de renoncer à un produit fur la confommation du tabac, mais de régler la perception de ce produit, de maniere que l'Etat augmente d'autres branches de revenus; que le Commerce entretienne deux cent vaiffeaux de plus à la Mer en cinq à fix ans; qu'il forme fept à huit mille nouveaux matelots; que l'Etat gagne annuellement dix à douze millions de plus fur la balance de fon Commerce; qu'il fe confomme à la Louifianne annuellement pour vingt millions de plus de nos denrées.

Autant qu'un examen général peut conduire à la connoiffance de pareils détails, il doit fe confommer dans le Royaume environ vingt millions de livres pefant de tabacs; c'eft fur le pied de quatre millions de perfonnes, ou du quart du Peuple environ, la confom-

mation de chaque pefonne à cinq livres. Ce que les uns confomment de
plus que les autres rectifiera à-peu-près
ce qui pourroit fe trouver de défec-
tueux dans ces trois fuppofitions.

Des vingt millions de livres, il eft
vrai-femblable que la Ferme n'en vend
peut-être pas les deux tiers, parce que
le Comté de Nice, la Suiffe, l'Allemagne, la Flandre & la Hollande font des
verfemens immenfes de cette denrée.
Le rifque eft grand, mais pour des mi-
férables tout eft compenfé par le gain.

Si l'on ajoute à cette non-valeur les
frais de la Régie, on conviendra fans
peine qu'un impôt moindre de la moitié, mais perçu fur la totalité de la
confommation fans frais, rendroit davantage.

Pour que la totalité de la confommation foit foumife au droit, il faut
outre les précautions ordinaires, qu'il
foit de l'intérêt du confommateur de
le payer : c'eft où tend ma propofition.

La plus grande partie des tabacs
verfés en fraude, comme tous ceux
de Souabe, ne font pas bons : ceux de
nos Colonies au contraire font fi fupé-
rieurs à tous les autres, qu'en les don-

nant à très-bon marché, ils feroient préférés, & que le rifque de la contrebande ne feroit plus compenfé par le gain.

La plantation du tabac eft défendue avec raifon dans l'étendue des Provinces où la vente exclufive eft établie : ainfi l'entrée peut en être réfervée à certains Ports, comme Marfeille, Bayonne, Bordeaux, Nantes, le Havre, Dunkerque.

Les tabacs pourroient être entrepofés pour les réexporter à l'étranger : mais en fortant de l'entrepôt pour entrer dans le Royaume, ils feroient portés à la manufacture du Fermier pour y être plombés & ficelés, afin de pouvoir diftinguer ces tabacs.

Le droit perçu à la fortie de la manufacture, ou fuivant la foumiffion faite à l'arrivée, devroit être proportionné à la valeur intrinfeque de la denrée. On peut la ranger fous trois claffes ou qualités : & vrai-femblablement la confommation de la premiere peut être évaluée aux trois quarts du total.

Sur ces quinze millions de livres, le droit pourroit être établi à trente fols, lorfque les tabacs feroient de crû étranger, & à vingt-cinq fols, lorfqu'ils

feroient du crû de nos Colonies. Sur
ce pied, leurs meilleurs tabacs fe
pourroient vendre trente fols la livre,
& le produit des droits fur
cette partie feroit au moins     liv.
de . . . . . . . 18750000

En évaluant la confom-
mation de la feconde qua-
lité à trois millions de livres, & le droit à vingt-
cinq & vingt fols, le produit feroit au moins de.... 3000000

Eftimons à deux millions
de livres pefant la confommation de la troifiéme qualité, & le droit à vingt &
feize fols, ci . . . 1600000
                                  ————————
                                    23350000
Evaluant les frais à...   5000000
                                  ————————
Il refteroit encore ..... 18350000

de net perçus comme auparavant, d'u-
ne maniere tout-à-fait volontaire, mais
bien autrement avantageufe au Commerce. Il eft plus que probable que la
confommation augmenteroit journellement par la facilité de confommer, &
le revenu par conféquent.

Toute denrée de luxe, dont la culture eft impoffible ou prohibée dans la

Métropole, eſt la matiere d'un excellent impôt ; mais en le percevant, il
conviendra toujours d'examiner ſes
bornes, ſoit du côté du profit de la
contrebande, ſoit du côté du Commerce, ſinon on ruinera le Commerce, &
on bornera le revenu.

Le Caffé entrant dans le Royaume
pour ſa conſommation pourroit payer
davantage aſſurément, ſansque l'uſage
en diminuât : mais il eſt preſque aſſuré
que cinq ſols par livre payés aux entrées produiront davantage qu'un privilége excluſif de vendre celui de Saint-
Domingue à trente ſols, & celui de la
Martinique quarante ſols ; la raiſon en
eſt toute ſimple. S'il étoit permis de
l'entrepoſer pour le réexporter, l'é-
tranger nous le rapporteroit en contrebande du côté où nous ſommes ouverts. Le profit même animeroit cette
culture dans les Colonies étrangeres ;
nous ceſſerions bientôt d'en vendre au
dehors. S'il étoit défendu d'en réexporter, ou s'il étoit chargé de droits,
ce ſeroit une mépriſe groſſiere, puiſ-
qu'on ſe priveroit par-là de pluſieurs
millions de revenus ſur la balance.
Quand même on n'auroit point à craindre de verſemens, on ne ſeroit pas trois

ans à voir le Commerce du Caffé diminuer des deux tiers , parce qu'aucune culture ne peut se soutenir, sans
une concurrence d'acheteurs plus grande que celle des vendeurs.

Si au lieu de cinq sols , on venoit à
imposer huit sols par livre de Caffé aux
entrées du Royaume , probablement
avant deux ans, le nombre de quintaux
qui avoit coutume d'être déclaré , seroit
diminué de moitié : cependant la consommation resteroit la même ; & s'il s'é-
prouvoit quelque changement, ce seroit
dans la recette qui diminueroit. On demandera pourquoi l'on propose en ce
cas vingt-cinq sols par livre de tabac :
c'est que le tabac peut porter avec soi
une marque distinctive. On a cru devoir toucher en passant cette matiere,
parce qu'on entend dire chaque jour
que le Caffé en parti vaudroit mieux
que tel ou tel autre impôt. Chacun en
pareil cas décide pour l'ordinaire comme il lui conviendroit en particulier
que les choses se passassent ; au moins
devroit-on regarder autour de soi &
apprendre à douter. Rien au monde
n'est si délicat que la nature des impôts
sur les consommations : ce sont les plus
doux , les plus abondans ; mais ils ont
des

des proportions de rigueur, foit avec les autres genres d'impôts, foit avec une infinité d'autres circonftances. Regle générale fur cette matiere ; c'eft dans les Villes principalement que fe confomment les denrées de luxe, c'eft là que fans gêner fon Commerce, & fans crainte des verfemens étrangers , on peut affujettir les confommations aux befoins de l'Etat. Tout exclufif détruit & les Finances & le Commerce ; il intervertit l'ordre public : & la liberté rendue n'a pas encore réparé les pertes que la manie des Monopoles nous a caufées.

En parlant du tabac, on n'a envifagé que l'intérêt de nos Colonies, par préférence à celui des terres de la Métropole, par plufieurs raifons. Si le tabac étoit une denrée néceffaire, il faudroit plutôt en interdire la culture dans nos Colonies, que de l'abandonner ou de la négliger ici : mais cette denrée étant dans la claffe du fuperflu, le véritable calcul femble devoir porter fur la maniere la plus lucrative de nous la procurer ; & la plus lucrative fera celle qui occafionera un plus grand travail. Nous avons peu de terres propres à cette culture, elles ne manquent point

d'objets de remplacemens utiles & néceffaires, & nous n'avons pas affez de
matelots dans la proportion des forces maritimes qu'exige notre pofition.

Cette année parut une Ordonnance
claire & fimple pour toutes les Fermes.
En 1687 on crut devoir l'étendre ; les
formalités s'accrûrent. Depuis, les Ordonnances, Réglemens & Arrêts, fur
les cinq groffes Fermes fimplement, fe
font tellement multipliés, que leurs titres feuls occupent aujourd'hui douze
volumes *in-quarto.* La caufe de cette
propagation eft facile à trouver ; les
Fermiers ont été long-tems en poffeffion de dreffer eux-mêmes les modeles
des Arrêts du Confeil qu'ils deman-
doient ; foit faute des connoiffances de
leurs droits ou autrement, il eft peu de
ces Arrêts qui n'en ayent enfanté d'autres en extenfion de claufes implicites.
Telle eft en partie la fource des démê-
lés de la Finance & du Commerce. Les
Négocians accoutumés à une routine
de ftyle où tout ce qu'on veut dire eft
énoncé, ont reclamé fans ceffe la lettre
de la Loi qui jugeoit en leur faveur ;
mais l'efprit étoit contre eux, & ils
ont toujours eu tort.

Le Roi donna auffi un Réglement fur

la forme des publications, encheres &
adjudications tant des Fermes que des
sous-Fermes. On ne peut rien ajoûter
à la sagesse des précautions prises dans
cette Ordonnance, pour établir une
concurrence parfaite, une liberté entiere d'enchérir, enfin pour retirer des
baux le plus grand produit qu'il fût pos-
fible d'en espérer; la rigueur alla jusqu'à défendre aux Compagnies d'ad-
mettre aucuns intéressés qui ne fussent
compris dans l'état fourni & certifié par
eux; donner aucune gratification, penfion ni présent directement ou indirec-
tement, sous quelque prétexte que ce
fût, sans une permission par écrit signée
de Sa Majesté.

C'est un des moyens dont M. de Sully
s'étoit servi pour libérer l'Etat.

M. Colbert eut également soin qu'-
aucun de ses Commis ne fût gratifié ou
penfionné par les Fermiers, & qu'ils
ne fussent intéressés dans les affaires de
Finance; parce qu'une infinité de détails leur étant confiés, ils fussent de-
venus en quelque façon Juges & Parties.

Ce fut vers ce tems-là que le Miniftre fatigué des plaintes réciproques du
Commerce & des Fermiers, & persua-

dé que les Juges des traites faisoient pancher la balance vers le Fermier qui les payoit, imagina & établit une espece d'arbitrage, dont on ressentit les bons effets en peu de tems. Il établit un Comité de trois Négocians connus & de trois Fermiers généraux, qui s'assembloient une fois par semaine chez M. Bellinzani, pour examiner de bonne foi toutes les discussions qui naissent chaque jour entre les Négocians & les Commis des Fermiers ; M. Bellinzani départageoit les avis. Les Négocians des Provinces envoyoient leurs Mémoires avec les pieces justificatives à leur correspondant pour les remettre à l'un des trois Commissaires ; les Commis de leur côté instruisoient les Fermiers ; de cette façon les affaires étoient décidées sans frais à l'amiable, & cela dura jusqu'à la mort de M. Colbert.

## ANNÉE 1682.

Toujours fidele à ses principes dès qu'il le pouvoit, il supprima trente-six Offices de Receveurs Payeurs des rentes, Receveurs des Consignations, Dépositaires des débets de quittance, Commissaire aux rentes saisies réellement,

Greffiers des feuilles & immatricules &
Commis y joints, & trente-six Officiers
de Contrôleurs des Payeurs à charge
de remboursement.

Il ne conserva que quatorze Receveurs Payeurs des rentes, qui furent
obligés d'acquérir au denier vingt,
huit mille livres de gages; il leur attri-
bua en outre trois mille livres par forme de taxations & de droits d'exercice
fans payer de finance. Le Roi se réser-
va la liberté de les rembourser lorsque
bon lui sembleroit, & voulut que le
prix de leurs Offices ne pût excéder à
l'avenir le prix de cent soixante mille
livres. En 1670 ils jouissoient de sept
mille cinq cent livres pour taxations &
gages, & de mille livres pour façon &
reddition de compte ; ainsi cette liquidation pour recréer avec augmentation
de finance, avoit pour objet de faire
en partie les fonds du remboursement
des supprimés.

Les Contrôleurs furent également réduits à quatorze, en acquérant quinze
cent livres de rente au denier vingt,
avec attribution de six cent cent livres
pour droits d'exercice fans payer de
finance.

Le remboursement des anciennes ren-

tes avoit été commencé dès l'année
1680, & dans celle-ci il en fut créé
pour cinq millions au denier vingt, la
plus grande partie au profit des propriétaires des anciennes rentes. Il paroît qu'elles furent d'abord assez recher-
chées. Cependant le cinquieme million
ne fut constitué qu'au denier dix-huit;
preuve certaine de discrédit.

On ne s'écarta point de la méthode
qu'on avoit suivie jusqu'alors. Nous
avons vû les rentes appellées petites
tailles remboursées au denier dix.

Les dix millions quatre cent sept mille
quatre cent dix-neuf livres onze sols
cinq deniers de rente qui subsistoient en
1680, étoient composées de trois parties, Sçavoir:

liv. s. d.
de 5407419 11 5 d'anciennes consti-
tutions décriées dans
le Public.
de 3000000 . . . des années 1673,
1674, 1675, 1676,
1677, 1678 au de-
nier quatorze, de
de 2000000 . . . l'année 1679 au denier seize & dix-huit.

Il fut arrêté que les anciennes rentes
seroient remboursées au denier quinze,

les nouvelles depuis 1673 sur le pied de leur constitution;

Ainsi la premiere partie       liv.
ne coûtoit que. . . . . . . . 81111285
    La seconde . . . . . . . . 42000000
    La troisieme. . . . . . . . 34000000
                      157111285

Pour faire cette somme il fut créé en 1680 un million au denier vingt . . . 20000000

En 1681 deux millions de rente au denier vingt . . . 40000000

En 1682 quatre millions au denier vingt. . . . . . . 80000000

Un million au denier dix-huit . . . . 18000000

           158000000

Par ce moyen les rentes se trouverent réduites à huit millions, & l'Etat se trouva soulagé de plus de deux millions de rentes.

Tandis que par ces especes de viremens de parties M. Colbert cherchoit à diminuer les charges de l'Etat, il s'efforçoit de remédier à une fausse opération de Commerce qu'il avoit faite.

Il a été observé que les Négocians avoient été privés de la liberté de porter les denrées de nos Colonies dans les Ports étrangers à droiture. Alors la cherté de notre fret en augmenta le prix ; & les Etrangers en trouvant ailleurs à meilleur marché, ne furent pas difposés à entrer dans cette compenfation, qui leur étoit indifférente. Comme les Négocians étoient encore en petit nombre, ils fe dédommagerent fur les prix de la vente des marchandifes d'Europe, de la perte qu'il y avoit à faire fur les retours ; de façon que les Habitans des Colonies fupporterent feuls cette révolution, & la culture en fouffrit beaucoup. Cependant au moyen de l'entrepôt & de la faculté de réexporter les fucres à l'Etranger fans payer de droits, les fucreries fe foutinrent encore un peu, lorfque les Rafineurs imaginerent un monopole affez fpécieux.

Ils repréfenterent que les Etrangers rafinoient à meilleur marché qu'eux, & nous vendoient leurs fucres rafinés par préférence à ceux de France ; que leur porter des fucres bruts, c'étoit encore leur donner l'occafion d'accroître leur manufacture, tandis qu'on privoit les nôtres de matieres.

Ce faux raifonnement, fi fouvent employé, & par malheur toujours avec
fuccès

fuccès, fit impreffion ; auffi-tôt il fut
défendu de fortir des fucres bruts.

Alors les Colonies fe trouverent à la
merci d'une vingtaine de Monopoleurs,
qui mirent à la denrée le prix qu'ils
voulurent : les Habitans tomberent dans
le découragement & la pauvreté. Mais
ce qu'il y a de remarquable, les Raffineurs continuerent à vendre tout auffi
cher du fucre mal raffiné. En effet, ce
n'étoit pas à ces caufes qu'il falloit remonter, mais examiner la méthode
qu'employoient les étrangers, leur économie, la pofition de leurs Raffineries,
leurs capitaux, le taux de l'intérêt de
leur argent, le prix du chauffage des
cuves, les droits dans l'intérieur, &
autres circonftances.

L'abus devint intolérable ; le Commerce & la culture penchoient vers
leur ruine ; lorfque l'Intendant de Saint-
Chriftophle, qui poffédoit les habitations, fit entendre à M. Colbert que le
feul remede étoit de permettre l'établiffement de cinq Raffineries dans les
Colonies, à l'imitation des Anglois.
Par-là, difoit-on, nous ferons nous-
mêmes le profit des Raffineries : deux
livres de fucre brut rendent aux Colonies une livre de fucre raffiné ; en

France, il en faut deux livres & demie : ainfi nous ferons en état d'en vendre aux étrangers & de n'en point recevoir d'eux.

M. Colbert y confentit ; mais il ne fut pas long-tems fans éprouver que les principes font la feule autorité en matiere d'Etat, parce qu'elle n'égare jamais. En moins d'un an plus de cinquante des Vaiffeaux qui faifoient le Commerce des Ifles refterent dans l'inaction ; les matelots manquoient d'ouvrage & defertoient ; il ne s'en formoit point de nouveaux. Il crut fortir de ce mauvais pas, en ordonnant que les fucres raffinés des Ifles payeroient huit livres de droits d'entrée dans le Royaume ; fçavoir, fix livres aux fermes unies, & deux livres au Fermier d'Occident. Ce fut un impôt très-favorable aux Colonies des étrangers, dont les denrées n'étoient point foumifes à de pareils droits avant d'être ré-exportées dans les divers marchés de l'Europe ; mais il ne remédia point au mal. Cet expédient ne pouvoit même réuffir ; il ne falloit que prendre la plume ; notre fret étoit en général à douze deniers de la livre environ. Dix quintaux, réduits à cinq au raffinage, ne

payoient plus que 25 liv. de fret. Le droit étoit de huit livres, fur cinq quintaux. . . . . . . . . . . . . . . 40 liv.
___

En tout, 65 liv. ci . . . . . 65

Les dix quintaux de fucre payoient de fret 50
Pour les quarante fols du cent . . . . . . . . 20
Pour une barrique de plus & fon roulage, foit à l'Amérique, foit en France, & autres frais . . . . . . . . . . 2 } 88
Pour le coulage à dix pour cent, le fucre fe vendant alors 16 liv. environ . . . . . . . . 16

Différence fur dix quintaux 23 l. ce qui revenoit à près de trois livres par quintal. Pour les égalifer, il eût fallu impofer douze livres fur les fucres raffinés ; & autant eût-il valu afficher une défenfe d'en vendre aux étrangers.

En 1684, on fut obligé de défendre d'établir de nouvelles raffineries aux Ifles de l'Amérique ; mais on laiffa fubfifter celles qui étoient établies, puifque les particuliers avoient en cela exécuté les ordres du Prince. M. Colbert

les eût fait détruire en dédommageant
les Propriétaires ; & vrai-semblable-
ment il eût rendu la liberté au Commerce des sucres bruts : car un grand
homme est sujet à l'erreur, mais il n'a
point honte de la reconnoître : voilà
peut-être la seule différence essentielle
qui soit entr'eux & le reste des humains.
La France l'avoit perdu : les Raffineries anciennes subsisterent, & il se trouva une inégalité entre les habitans tout-
à-fait désespérante ; les Raffineurs exer-
cerent un monopole véritable. La réexportation des sucres bruts continua
cependant d'être défendue, & l'on
comptoit alors que de vingt-sept millions de livres de sucre fabriquées dans
nos Colonies, il en restoit environ sept
millions en surcharge. La culture, loin
d'augmenter, se mit au niveau de la
vente, comme l'on peut penser. Les
Compagnies exclusives pour la traite
des Négres les vendoient si cher que les
habitans n'avoient pas le moyen de les
payer avec leurs denrées. Ils se sou-
tinrent avec le tabac, le cacao, l'indigo ; mais après la paix d'Utrecht, leur
pauvreté étoit extrême, comme l'on
sçait, & le nombre fort diminué. Le
sucre brut qui en 1682 se vendoit de

quatorze à quinze livres en France, ne valoit plus que cinq à six livres; il n'alloit pas cinquante Vaisseaux de tous nos Ports dans ces Colonies; enfin elles se trouvoient moins avancées qu'en 1669. Depuis, les choses se sont rétablies; mais nous n'avons pas laissé de perdre la moitié sur notre navigation; nos Raffineries de France, auxquelles on a fait tant de sacrifices, n'ont pas été un seul moment en état de lutter avec les Raffineries étrangeres.

On ne peut se refuser à trois observations importantes que présente l'exposition de ce fait.

De quelle circonspection ne doit-on pas user dans les décisions sur le Commerce, puisque la premiere démarche entraîne des suites si longues & si déplorables? Ou plutôt doit-il être fait aucune opération que le principe n'en soit démontré avec la plus grande évidence? Car c'est de-là que tout dépend. On ne s'avisa point de revenir au but d'où l'on étoit parti, parce que le motif de la premiere démarche étoit reputé bon : mais dans le Commerce, comme dans la Physique, il ne faut pas toujours croire les premieres apparences. Cette re-

cherche est pénible, si les grands principes & leur enchaînement ne sont for-
tement imprimés dans la mémoire : 
avec eux il n'est plus de route obscure.
Dans le cas dont il s'agit, la concurrence bien connue eût enseigné que, si
le nombre des acheteurs d'une denrée
n'est pas proportionné au nombre des
vendeurs, elle s'avilit ; que s'avilissant,
la culture en diminue : d'où l'on auroit
conclu que le nombre ordinaire des
acheteurs du sucre brut étant forcé de
se retirer, leur avilissement & l'abandon de leur culture étoient une conséquence nécessaire de la demande des
Raffineurs. En portant le même esprit
dans l'examen de la situation de nos
Raffineries, & peut-être sans sortir des
conséquences qui résultent de la concurrence, on eût trouvé immanqua-
blement le reméde certain.

La seconde observation , c'est que
toutes les décisions en fait de Commerce sont une affaire de calcul : les principes indiquent la maniere d'y procéder & lui servent de preuve. S'ils se
trouvent en contradiction, ou le principe est mal appliqué, ou le calcul est
fautif. Il est de toute impossibilité de
citer un exemple du contraire ; & l'on

feroit un gros volume des fautes politiques commiſes dans les divers États de l'Europe, lorſque cette méthode a été négligée.

Enfin remarquons que notre fret étant aujourd'hui de douze à quinze deniers, notre Navigation paroîtroit preſque doublée depuis 1680, eu égard à la différence des eſpeces. Cela n'eſt peut-être pas ainſi cependant en tout ſens; c'eſt-à-dire que peut-être nous n'employons pas douze cent vaiſſeaux à notre Commerce étranger ou éloigné : nous avons conſtruit de plus grands vaiſſeaux; la concurrence des tonneaux de mer eſt quintuplée dans nos Colonies; dans d'autres branches, principalement à l'égard de la pêche, depuis la ceſſion de Plaiſance & de l'Acadie, elle a diminué. Ajoutons encore que la concurrence générale de toutes les Nations dans la navigation, les a forcées mutuellement à baiſſer le prix du fret. Il paroît vrai-ſemblable que la valeur de nos Colonies eſt dix fois plus grande à préſent, valeur intrinſeque, qu'en 1680; que la ſomme générale de notre Commerce eſt triplée, valeur intrinſeque, & qu'il eſt plus ſolide; mais il ſemble douteux que le nombre de nos matelots ait doublé : car voilà la preuve folide de l'accroiffement de la Navigation. Cependant, fi l'on excepte la Hollande, on verra que dans tous les autres Etats de l'Europe, leur nombre a triplé au moins depuis 1680. Sans jouir de tous nos avantages, nous pourrions encore augmenter notre navigation de moitié en peu d'années : car nous ne faifons à vûe de pays gueres plus du tiers du Commerce qui appartient à notre pofition. Dès-lors fi l'influence du Commerce fur les revenus publics eft de cent milions, il y a une amélioration à faire de deux cent millions ; fans compter celle que comporte l'état actuel des chofes. On ne dit point ces chofes pour être crû par beaucoup de perfonnes ; mais feulement afin que plufieurs étudient affez la queftion pour trouver des incrédules à leur tour. Suppofons cependant la propofition poffible pour un moment, l'État retentiroit de cris de joye : qu'un traitant propofe vingt millions pour une affaire extraordinaire, le trouble eft dans toutes les familles.

Comme il eft bon de faire marcher

*en 1682.*

| | liv. | f. |
|---|---:|---:|
| es . . . . . . . . . . . . . . . . . . . . . . | 19488757 | 16 |
| . . . . . . . . . . . . . . . . . . . | 44955915 | 6 |
| uedoc & Rouffillon . . . . . . . . . . | 1250000 | |
| , Provence & Dauphiné. . . . . . . . | 2750000 | |
| s. . . . . . . . . . . . . . . . . . . | 1210000 | |
| Quarantieme de Lyon . . . . . . . . | 340000 | |
| l'Amérique. . . . . . . . . . . . | 119442 | |
| . . . . . . . . . . . . . . . . | 2000000 | |
| anguedoc . . . . . . . . . . . . . | 1905033 | |
| . . . . . . . . . . . . . . . . | 800000 | |
| . . . . . . . . . . . . . . . . . | 400000 | |
| & Béarn. . . . . . . . . . . . . . . | 25000 | |
| & terres adjacentes . . . . . . . . | 630000 | |
| bfides de Bourgogne. . . . . . . . . | 344508 | |
| nce de Breffe . . . . . . . . . . . | 165000 | |
| Franche Comté . . . . . . . . . . | 720000 | |
| tuit de Flandre . . . . . . . . . . | 1050000 | |
| . . . . . . . . . . . . . . . . | 800000 | |
| s de Touloufe, Montpellier, Proven- | | |
| Metz . . . . . . . . . . . . . . . | 200000 | |
| Total . . . . . . . . . . . . . . . | 79153656 | 2 |

les faits d'un pas égal avec les raifonnemens, le Lecteur ne doit pas négliger de comparer le tableau des revenus & des dépenfes de l'Etat en 1609,
avec celui que l'on va mettre ici fous
fes yeux.

Je trouve au bas de l'état des Parties
du Tréfor Royal pour l'année 1682,
la note fuivante de la main de M. Colbert, qui confirme ce qui vient d'être
avancé.

« Les trois premiers mois des recet-
» tes générales de 1683 font de 1682,
» & montent à quatre millions huit cent
» mille livres.

» Le Roi peut faire état de quatre-
» vingt-cinq millions de revenus, &
» l'on peut affûrer Sa Majefté que dans
» deux ans, fans aucune augmentation
» d'impofition, fon revenu fera de qua-
» tre-vingt-dix millions.

» Pour le bien & le foulagement des
» Peuples, il faudroit diminuer les Tail-
» les de quatre millions en deux années,
» & fur les Fermes deux millions.

» En cas de guerre : la plus grande
» dépenfe pendant les guerres paffées
» ayant été de cent-dix millions,

» Pour former cette fomme,

|  | liv. |
|---|---|
| » Les revenus ordinaires » monteront à . . . . . . . | 90000000 |
| » Par augmentation sur » les Tailles pour les por-» ter à quarante millions .. | 10000000 |
| » Augmentation d'un écu » sur le prix du Sel . . . . | 1800000 |
| » Sur le don gratuit de » Languedoc. . . . . . . | 1000000 |
| » Sur ceux de Bretagne, » quatre cent mille livres; » de Bourgogne , quatre » cent mille livres ; de Pro-» vence, deux cent mille » livres. . . . . . . . . . | 1000000 |
| » Aliénation de cinq cent » mille livres de rente sur » la Ville de Paris au de-» nier vingt. . . . . . . . | 10000000 |
|  | 113800000 |

» Par ce moyen sans aucune affaire
» extraordinaire, & sans trop charger
» les Peuples, Sa Majesté auroit son
» fonds assûré pour toutes les dépenses
» de la guerre ».

La recette de l'année
avoit monté à . . . . . . 85000000
Je trouve qu'à la fin
de cette année il étoit

## DÉPENSE *effective faite en* 1682.

|  | liv |
|---|---:|
| .oi . . . . . . . . . . . . . . . . | 768318 |
| ix Deniers . . . . . . . . . . . . | 1562956 |
| . . . . . . . . . . . . . . . | 1136947 |
| s Menus . . . . . . . . . . . . | 329691 |
| . . . . . . . . . . . . . . . | 724572 |
| ievaux. . . . . . . . . . . . . . . | 12000 |
| s Offrandes. . . . . . . . . . . . . . | 149867 |
| l'Hôtel . . . . . . . . . . . . . . | 61950 |
| Corps . . . . . . . . . . . . . . . | 200265 |
| de la Garde . . . . . . . . . . . | 59541 |
| auconnerie . . . . . . . . . . . | 310861 |
| . . . . . . . . . . . . . . . | 34293 |
| Reine . . . . . . . . . . . . . | 1319989 |
| .adame la Dauphine . . . . . . . . . . | 1100991 |
| .onsieur. . . . . . . . . . . . . . | 1010000 |
| .adame. . . . . . . . . . . . . . | 252000 |
| s . . . . . . . . . . . . . . . | 137613 |
| ; mains du Roi . . . . . . . . . . . . | 221700 |
| . . . . . . . . . . . . . . . | 5957926 |
| :s . . . . . . . . . . . . . . . | 272000 |
| . . . . . . . . . . . . . . . | 2410457 |
| . . . . . . . . . . . . . . . | 2280890 |
| .tion . . . . . . . . . . . . . . | 41291 |
| re des Guerres . . . . . . . . . . . . | 36780186 |
| s aux troupes . . . . . . . . . . . | 967963 |
| . . . . . . . . . . . . . . . | 6260330 |
| . . . . . . . . . . . . . . . | 2629514 |
| ; . . . . . . . . . . . . . . . | 9226982 |
| ers. . . . . . . . . . . . . . . | 456133 |
| . . . . . . . . . . . . . . . | 845320 |
| . . . . . . . . . . . . . . . | 75092 |

liv.

De l'autre part... 85000000

dû par la Caiſſe des Em-
prunts..... 28889698 ⎫
                  ⎬ 44622272
Il fut conſommé d'avan- ⎭
ce ſur 1683.. 15732574

Il fut conſtitué, comme
on l'a expliqué, cinq millions de rente au capital
de ............. 98000000

227622272

La ſomme des dépenſes
ſuivant le détail étoit de.. 190215583

Excédent de la recette.. 37406689

Il a été remarqué qu'à la fin de l'année 1681, les dettes non conſtituées
montoient à la ſomme de 37739488 liv.
y compris vingt-quatre millions de la
caiſſe des emprunts.

Si l'on impute en acquit de cette
ſomme l'excédent ci-deſ-
ſus, il reſtera....... 332799

A ce réſultat il convient
d'ajouter la dette de la
Caiſſe des Emprunts.... 28889698

Total des dettes non
conſtituées........ 29222497

Sans compter le prêt de ſept millions

fur les Fermes renouvellé d'année en année par convention du Bail.

On avoit confommé d'avance fur 1683 la fomme de quinze millions fept cent trente-deux mille cinq cent foixante & quatorze livres ; ainfi la pofition des Finances étoit très-délicate : il falloit en fortir promptement, ou fe réfoudre à rentrer imperceptiblement dans le defordre & la confufion.

Cependant on ne manquoit point de reffources, pourvu que l'économie ne manquât point ; les rentes fe trouvoient réduites à huit millions, les autres charges à quatorze millions huit cent quatre-vingt-dix-neuf mille fix cent quatre-vingt-cinq livres ; en tout vingt-deux millions huit cent quatre-vingt dix-neuf mille fix cent quatre-vingt-cinq livres.

La Caiffe des emprunts & le crédit des gens d'affaires avoient aidé à racheter les Domaines & autres aliénations faites à bas prix ; ces rachats, avec quelques legeres augmentations de droits, mais particulierement la concurrence libre des encheres, avoient porté la valeur des Fermes fort loin ; de façon que le Roi réglant les dépenfes à quatre-vingt millions, la Caiffe des emprunts & les anticipations fur les re-

# PARTIES *du Tréfor Royal en* 1683.

|  | liv. | & Di... |
|---|---|---|
| des Domaines . . . . . . . . . . . | 4470036 | 1... |
| des Gabelles . . . . . . . . . . | 8730707 | } |
| de ladite Ferme . . . . . . . . | 52927 | } 9... |
| rofles Fermes . . . . . . . . | 10923854 | } |
| . . . . . . . . . . . . . . . . | 116266 | } ... |
| les Aides . . . . . . . . . . . . | 21112027 | } |
| . . . . . . . . . . . . . . . | 6650 | } 8... |
| 2260000 liv. en déduction des |  |  |
| lûes par le précédent Fermier . . . | 565000 |  |
| es de Lyonnois . . . . . . . . | 1402244 | 1... |
| e & Dauphiné . . . . . . . . . | 1549774 | 5... |
| ur-taux & Quarantieme de Lyon | 340000 |  |
| les de Languedoc . . . . . . . . | 1456393 | 8... |
| . . . . . . . . . . . . . . . | 4665 |  |
| de l'Amérique & du Canada. . . . | 119442 | 1... |
| de Metz & Impofitions d'Alface | 633696 | 2... |
| & Don gratuit de Béarn. . . . . | 25108 |  |
| de Bourgogne & Impofitions pour |  |  |
| . . . . . . . . . . . . . . . | 86000 | 1... |
| ourgogne & Subfiftance . . . . . | 883333 |  |
| reffe. . . . . . . . . . . . . | 205265 |  |
| anche-Comté. . . . . . . . . . | 814125 |  |
| les garnifons de Languedoc . . . . | 193183 |  |
| anguedoc . . . . . . . . . . . | 2326294 |  |
| rovence & terres adjacentes . . . . | 630000 |  |
| de Bretagne . . . . . . . . . . | 104473 | 3... |

venus fe fuffent trouvées amorties en
moins de trois années. En pouffant
même l'économie plus loin de trois ou
quatre années encore, la plus grande
partie de rentes fe trouvoit éteinte, &
les Finances dans le plus bel ordre
qu'elles fe fuffent jamais trouvées depuis M. de Sully.

## ANNÉE 1683.

On en jugera mieux par la table des
parties du Tréfor Royal pour l'année
1683.

La totalité des impofitions étoit cent
douze millions huit cent foixante &
feize mille fept cent fix livres feize
fols.

Il fut emprunté des Fermiers fept
millions fur 1684 ; & la Caiffe des emprunts fut limitée à vingt millions.

On auroit fort defiré pouvoir toujours mettre les objets fous les yeux
du Lecteur avec la plus grande préci-
fion ; mais on n'a prefque rien pû re-
couvrer que par parcelles détachées,
dont il a fallu étudier les rapports avec
quelque foin pour en former un tout.
On le préfente cependant avec d'autant plus de confiance, que l'applica-

tion n'a point manqué ; & que tous les
Mémoires du tems, fans entrer dans le
détail, conftatent que telle étoit la fi-
tuation où M. Colbert laiffa les Finances. On peut fe reffouvenir qu'en 1661
les impofitions montoient à quatre-
vingt-quatre millions deux cent vingt-
deux mille quatre-vingt-feize livres,
les Charges à cinquante-deux millions
trois cent foixante & dix-fept mille
cent foixante & douze livres. Ainfi il
avoit diminué les Charges de vingt-fix
millions quatre cent quatre-vingt-fept
mille quatre cent quatre-vingt-quinze
livres ; il avoit augmenté le produit des
impofitions de vingt-huit millions fix
cent cinquante-quatre mille fix cent
quatorze livres , & les parties du Tréfor Royal au total de cinquante-cinq
millions quarante-deux mille cent-neuf
livres.

Sa réputation eft telle dans l'Europe,
que pour louer un Miniftre, l'adulation
même n'a encore rien pu imaginer au-
deffus de ce parallele. S'il n'eft pas le
premier parmi nous qui ait combiné la
nature des divers impôts , il en a per-
fectionné les proportions, foit en rejet-
tant fur les confommations libres une
partie des contributions arbitraires, qui

fe levoient auparavant fur la terre, foit
par l'habileté qu'il eut de rendre ces confommations plus faciles, en fimplifiant
les droits, en les réuniffant fous une
même régie, & prefque toujours en diminuant leur excès. Par cette méthode
il foulageoit réellement le Peuple, &
groffiffoit les revenus publics. Les dépenfes extraordinaires, auxquelles il
fut obligé de pourvoir, étendirent néceffairement ces droits fur une infinité
d'objets, qui n'y avoient point été foumis, principalement dans la Capitale,
dont il crut fans doute que l'accroiffement dangereux & journalier devoit
au moins dédommager les Finances de
l'Etat du préjudice qu'il portoit à toutes
les Provinces. Sa politique, utile au
Royaume, déplut aux habitans & fur-
tout au peuple de la Capitale, que des
ménagemens, quelquefois forcés, dans
des tems différens, avoient accoutumé
à s'en faire une efpece de droits, & dont
les plaintes ou les acclamations, fe faifant entendre plus facilement, font
trop fouvent regardées comme le vœu
national par ceux qui ne connoiffent pas
les Provinces, ou qui n'envifagent qu'un
feul objet à-la-fois.

Ce n'est pas que la conduite de M. Colbert n'essuyât encore quelques reproches dans les Provinces. Il avoit trouvé tous les octrois des villes & leur administration dans un tel desordre, que leur objet n'étoit pas rempli, tandis que les Administrateurs, c'est-à-dire, presque toujours les plus riches & les plus accrédités, avoient détourné à leur profit particulier le patrimoine du Public. L'ordre & l'économie qu'il eut la sagesse d'établir dans cette partie, la liquidation qu'il fit faire des dettes des Communautés, le mirent en état de faire porter au trésor public la moitié de ces octrois, dont l'autre moitié fut appliquée aux besoins publics, & les remplit mieux que ne faisoit auparavant la totalité. Ceux dont cette réforme arrêtoit les pillages ne manquerent pas d'accuser le Ministre d'enfreindre les priviléges des villes, toujours respectables sans doute lorsqu'ils sont utiles au Peuple, mais dont le Prince, qui est le pere du Peuple, ne doit jamais souffrir que les intérêts particuliers puissent se prévaloir. La libération des dettes de l'Etat ne pouvoit s'opérer sans un accroissement de recette, & il étoit
plus

plus naturel de détourner en sa faveur une partie des impositions établies, que d'en imaginer de nouvelles.

Le retranchement d'un grand nombre d'Offices inutiles, & des priviléges qu'ils avoient excessivement multipliés, soit en liquidant leur finance, soit en les rendant casuels, fut encore un des moyens dont M. Colbert se servit pour augmenter les revenus de l'Etat. Par cette opération il rendit des hommes aux travaux utiles de la société; il augmenta la classe des contribuables à la taille, à l'imposition du sel; il diminua les charges assises sur les revenus; mais il desola des familles qui s'étoient fondé un état sur les débris de la fortune publique.

Un grand nombre regardoit déja comme un patrimoine héréditaire les aliénations qui leur avoient été faites de presque tous les Domaines, & d'une partie des droits des diverses Fermes : ces Engagistes n'eurent pas assez d'équité pour voir, sans murmurer, l'Etat rentrer dans ses propriétés & ses revenus, en imputant sur le capital qu'il avoit reçu une partie des jouissances excessivement usuraires.

La réduction & le remboursement de

diverses parties de rentes, vendues aux Traitans à des prix fort onéreux, fut le cinquieme moyen par lequel M. Colbert réuffit à diminuer les charges qui abforboient les revenus publics, & réduifoient le Corps politique à l'impuiffance abfolue, foit de conferver audehors l'influence qu'il devoit avoir, foit de rendre la pofition des peuples plus heureufe : mais par une économie, qui peut difficilement être juftifiée, & dont l'avantage fera trouvé médiocre, s'il eft balancé avec celui qui réfulte de la confiance publique dans un Etat qui peut avoir de grands befoins, les anciennes rentes, créées fur la foi publique, fe trouverent enveloppées dans la réforme générale de cette partie, fous prétexte qu'elles avoient partagé dans le Public le difcrédit général de toutes les affaires. Leurs propriétaires avoient été affez malheureux de fe trouver pendant long-tems dans l'incertitude fur la valeur intrinfeque de leur capital, & d'éprouver deux retranchemens fucceffifs fur les intérêts, fans en effuyer de nouveaux dans un tems d'ordre, & fe voir affigner un rembourfement audeffous de la rente réelle qui leur étoit confervée. Un petit nombre de millions

épargnés par cette voie en coûte beaucoup davantage, lorſque les beſoins
publics forcent dans la ſuite de recourir au crédit.

Si jamais la bonne conduite générale
d'un Miniſtre pouvoit lui aſſûrer le droit
de faire quelques fautes, l'adminiſtration de M. Colbert ne permettroit pas
ſans doute de s'arrêter ſur quelques erreurs ; mais la poſtérité, qui n'envie pas
les éloges bien mérités, ne ſuit pas nôn
plus pour le blâme d'autres regles que
celles de la juſtice étroite & rigoureuſe.
Elle n'en admirera pas moins le génie
de ce grand homme & ſon courage,
ſans lequel ſon génie eût été inutile,
s'il eſt vrai que ces deux qualités puiſſent être ſéparées : la derniere ſur-tout
lui fut extrêmement néceſſaire pour un
établiſſement qui peut devenir fort dangereux, lorſqu'il n'eſt pas fort utile, &
dont les circonſtances énervent preſque
toujours l'utilité. Les Traitans avoient
tellement abuſé du malheur des tems,
qu'ils ſe trouvoient créanciers de l'Etat
pour des ſommes immenſes ſur des titres ſurpris ou chimériques, ou en ver-
tu de traités dont la léſion étoit mani-
feſte. La corruption des hommes eſt
telle, que jamais ces ſortes de gens n'ont

tant d'amis & de protecteurs, que dans les tems de confufion. Le luxe que produit cette énorme inégalité de fortunes rapides, fi différent du luxe qui réfulte de l'aifance nationale, & que tant de perfonnes confondent, la cupidité que ce luxe vicieux allume dans les cœurs, préfentent à la fois des motifs pour créer des Chambres de Juftice, & les caufes qui en font prefque toujours perdre tout le fruit. Celle que M. Colbert fit inftituer eut un fuccès proportionné à l'étendue des defordres & des déprédations qui avoient précédé fon miniftere, & à fa fermeté appuyée par toute l'autorité & la confiance de fon Maître.

Cependant, on ne peut difconvenir que l'excès des abus antérieurs n'eût contribué à rendre le fuccès de ces opérations plus fenfible & plus brillant qu'il ne l'eût été à la fuite de ces tems, où les formes de l'ordre confervées ne fervent qu'à couvrir fourdement de leur ombre le mauvais arrangement & la diffipation lente des Finances. Mais cette réflexion, accordée à la vérité, ne pourra jamais fervir d'excufe à la foibleffe ou à la négligence des Miniftres qui fe refuferont à des opérations

justes & vigoureuses : & elle ne doit
pas diminuer la gloire de M. Colbert
qui en mérite plus d'une. Un Ministre
moins habile & moins affectionné à
la gloire de son Maître, auroit pû se
contenter de la réputation que lui donnoit la libération des revenus ; & sé-
parant, par une combinaison aussi mal-
adroite que coupable, les intérêts du
Peuple de ceux du Souverain, il auroit
négligé les moyens d'accroître la fortune de l'Etat. Celui-ci trouva dans son
génie & dans son amour pour la Patrie
des ressources pour accroître l'aisance
publique, dont l'effet nécessaire est
d'enrichir le Prince : il rappella les Arts,
l'industrie & l'activité, que la misere,
l'excès des impositions & la multiplicité des Offices avoient bannis depuis
long-tems : il présenta à sa Nation les
trois objets d'émulation qui lui arrache-
ront toujours des prodiges, l'intérêt,
la confiance, & les distinctions. Des
manufactures de toute espece créées &
perfectionnées en peu de tems, occu-
perent une multitude de pauvres oisifs,
retinrent parmi nous les tributs immen-
ses que notre vanité & nos besoins
payoient également aux étrangers, at-
tirerent même leurs richesses, donne-

rent à l'argent, & par conféquent aux
denrées, aux conlommations & aux
Finances, un mouvement inconnu jufqu'alors. L'intérêt de l'argent tombé &
fixé légalement à cinq pour cent pro-
cura à la Nobleffe & aux propriétaires
des terres des moyens de fe libérer ou
de faire valoir leurs domaines, aida les
Négocians à foutenir la concurrence
des étrangers, réduifit le bénéfice des
gens d'affaires, & diminua les avantages de l'oifiveté. Les François décriés
& avilis au Levant y reprirent le premier rang, & leur pavillon y fervit de
fauve-garde aux autres Nations. Les
Colonies, aliénées par des fommes qni
fuffiroient à peine aujourd'hui pour
payer certaines habitations, & plus
connues des étrangers que de nous-
mêmes, furent réunies au Domaine de
la Couronne, peuplées & cultivées ;
en échange de nos vagabonds, du fruit
de nos terres & de nos manufactures,
elles nous envoyerent des denrées pré-
cieufes que nous fourniffoient les autres Peuples, elles nous ouvrirent des
pêches abondantes, & nous formerent
des matelots ; en peu d'années nous ne
dépendîmes plus que de nous-mêmes,
& la France fe fonda une puiffance ma-

ritime fur un grand Commerce , fans lequel cette forte de puiffance ne peut fubfifter.

Le Miniftre , véritablement créateur dans cette partie , forma fes projets & les exécuta en moins de tems qu'on n'en a quelquefois employé à difcuter fans fruit des ufages funeftes à l'Etat, ou des vérités qui lui feroient utiles. Cette rapidité fans doute ajoute à la gloire du fuccès , & démontre à la fois une éten-due peu commune dans les vûes , une grande jufteffe dans les mefures , & une facilité furprenante dans le travail. Mais quelques qualités qu'il eût reçues de la Nature , elles n'auroient point produit les mêmes effets, fans une gran-de application aux principes , fur lef-quels doivent rouler les affaires du Gou-vernement , avant de les manier.

M. Colbert, occupé des fuccès du Commerce , ne perdit point entiere-ment de vûe l'agriculture, comme quel-ques perfonnes ont affecté de le dire, parce que très-peu fçavent contenir leur jugement entre les extrêmes ; mais il eut le malheur de fe méprendre fur les moyens de la foulager & de l'ani-mer. Vivement affecté du fardeau des Tailles , fous lequel gémiffoient les cam-

pagnes, il fembla n'avoir cherché de
nouvelles fources de Finances , que
pour ménager d'année en année cette
branche qu'on defféchoit depuis un de-
mi-fiecle : non content d'avoir diminué
les Tailles de près de la moitié de la
fomme à laquelle il les avoit trouvées,
il, chercha à encourager la population
par des récompenfes qui auroient peut-
être mieux réuffi, s'il eût été moins difficile de les obtenir, mais qui ne furent
pas non plus infruétueufes dans les
campagnes. Il travailla à régler l'affiete
des Tailles, à prévenir les maux de
l'arbitraire ; enfin il protégea la nourriture du bétail, véritable fource de la
fécondité des terres, & il parvint même par des gratifications à en former
un objet de Commerce qui s'eft perdu
depuis, & dont la chute coûte annuellement plufieurs millions à l'Etat. Mais
par un défaut de combinaifon, qui ter-
nit, il faut l'avouer, la gloire de ce
miniftere, M. Colbert diminua plutôt
la mifere des Agriculteurs qu'il ne les
enrichit. En vain defiroit-il que la terre,
mieux travaillée par les foins du laboureur foulagé, portât des recoltes plus
abondantes, fi la gêne dans le Commerce des grains rendoit cette abondance

dance onéreuſe aux Fermiers & aux propriétaires. En vain des côteaux arides ſe fuſſent-ils couverts de vignobles, ſi des droits trop conſidérables, & inégalement repartis à la ſortie pour l'étranger, réduiſoient le vigneron à l'incertitude de retirer les frais de ſes façons. Un coup d'œil de comparaiſon ſur les Manufactures l'eût averti qu'elles n'euſſent jamais proſpéré, ſi le Commerce n'en eût pas été libre au-dehors comme au-dedans, & que les plus floriſſantes étoient celles que la demande de l'étranger avoit rendues telles. Ce principe évident bien ſaiſi ſe fût allié facilement dans l'eſprit de ce grand homme avec les meſures néceſſaires pour la ſûreté de l'approviſionnement national. Une conduite différente priva le Royaume d'un produit conſidérable, qui auroit enrichi les terres directement : les colons ne reſſentirent l'effet des nouvelles richeſſes introduites que par des circulations longues & embarraſſées ; les propriétaires connurent de nouveaux motifs de dépenſer, ſans trouver dans la vente de leurs denrées un accroiſſement ſuffiſant de nouvelles facultés. Ce qui devoit marcher enſemble & ſe ſoutenir mutuellement, parut avoir des intérêts différens , & le parti que favorisoit la liberté préva-lut.

Lorsque des tems plus difficiles sur-vinrent , ou que des mains moins ha-biles administrerent les affaires , le sou-lagement dont les campagnes avoient joui fut retiré. Il devint si commode à un Ministre de se procurer dix millions d'extraordinaire par les Tailles , que cette ressource fut bientôt épuisée. Les habitans retomberent du mal-aise dans l'indigence ; à mesure que l'imposition augmentoit , que les priviléges se mul-tiplioient , les vices de l'arbitraire se faisoient ressentir plus vivement ; la nourriture du bétail s'anéantit sous la rigueur de l'imposition , des saisies qu'il fut permis d'en faire , & des poursuites. La milice mina la population affectée à l'agriculture pendant une guerre lon-gue & sanglante : enfin cette partie s'a-néantit sous les débris de la Finance avec le Commerce lui-même, dont les fondemens étoient mal assurés. Telle fut la suite d'une faute commise par un Ministre qui sembloit né pour don-ner le modele de tout le bien dont ce Royaume étoit susceptible. Par une fa-talité inconcevable , l'esprit de ses meil-

leures inftitutions n'a pas été parfaitement fuivi, & l'on a copié fervilement
fes erreurs, ou plutôt on les a portées
à l'excès dans des tems où l'agriculture
étoit bien déchûe du point où il l'avoit
laiffée. C'eft ainfi que la plupart des
fucceffeurs de M. de Sully, négligeant
les methodes dont il s'étoit fervi pour
rétablir le Royaume, firent un ufage
immodéré des reffources ruineufes qu'il
avoit employées dans des momens de
crife qui ne laiffoient point la liberté
du choix des moyens.

On a déja obfervé que M. Colbert
s'étoit donné des entraves dans la partie du crédit public ; cependa.t il n'en
fut pas totalement dépourvû, il fçut
fe fervir de ce qu'il lui en reftoit, &
il ne donna pas plus de dix pour cent
aux Financiers pour leurs avances,
comme on les a encore donnés long-
tems depuis. Gêné dans fes reffources
par la difficulté que fes envieux lui fuf-
citoient pour de nouvelles impofitions
générales, quoique paffageres, il fut
obligé d'avoir recours aux Traitans,
qui le tromperent quelquefois ; mais il
ne fortit point du principe qu'il s'étoit
formé de borner les rentes perpétuelles
fur l'Etat à la fomme de fept à huit mil-

lions. La guerre & des dépenses extraordinaires le firent fortir de fes mefures ; il y rentra promptement, & foulagea plus efficacement la Nation par
cette conduite prévoyante, que s'il eût
augmenté les charges perpétuelles fur
la poftérité pour épargner à fes con-
temporains quelques murmures paffagers.

Quoiqu'ils le foupçonnaffent de dureté, on a vû qu'en Miniftre fidele &
Citoyen, il portoit dans toutes les occafions les befoins du Peuple aux pieds
du Trône, intéreffant toujours en leur
faveur la gloire & l'humanité du Maître. Le petit Mémorial en forme de
note, dont on va voir la copie fur l'o-
riginal de fa propre main, prouvera,
quoique très-court, fon zele pour le
Public, l'étendue de fes vûes, la vigilance & l'activiré de fes bonnes intentions. Supérieur à fa partie, & perfuadé de cette grande maxime, que l'aifance du Peuple eft la richeffe du Souverain, on ne le vit point protéger les
prétentions & l'avidité des Fermiers
contre les contribuables, & fous prétexte d'améliorer les diverfes branches
des revenus, étendre réellement l'impofition. Il établit des regles fimples &

claires pour la perception, dont l'obfcurité infpire toujours la défiance aux Sujets, & ne fert qu'à voiler des vexations dangereufes, ou des furprifes faites à la religion du Souverain. Auffi loin d'affujettir fes opérations aux maximes des Financiers, il les força de régir fuivant les principes des Finances de l'Etat : & pour les tenir dans la jufte dépendance des intérêts publics, il bannit non-feulement le trafic honteux des emplois qui s'étoit établi à la Cour, mais il fit ôter par un fage Réglement aux Courtifans , & à tous ceux qui entourent les Princes, la faculté d'avoir aucun intérêt direct ni indirect dans les Fermes du Roi. Il n'y admit que des travailleurs ; & bornant leur nombre au néceffaire exact , l'Etat reçut en augmentation de Baux le montant des penfions & des parts que l'intrigue avoit diftribuées. Ses vûes économiques s'étendirent fur des objets, dont le rapport avec les Finances n'eût pas été apperçu par d'autres moins profonds dans la connoiffance des fources ; & les foins qu'il prit pour la réformation de la Juftice, peuvent être regardés par les politiques comme un calcul fort habile dans l'influence que devoit néceffairement avoir cette opération avec l'aifance nationale.

Tel eft le précis de l'adminiftration de M. Colbert. Un efprit également jufte & étendu lui fit concevoir de grands projets & de grandes efpérances, dans un tems de confufion & d'épuifement, & il exécuta ce qu'il avoit conçu avec beaucoup d'ordre & d'activité. Occupé d'un vafte plan, il ne négligea jamais d'approfondir les détails : il fçut fe les procurer, en accordant un accès facile à tous ceux qui fe crurent en état de lui propofer des objets utiles : & il rechercha avec empreffement les perfonnes de mérite qui pouvoient l'aider. Plus fçavant dans les calculs politiques que M. le Duc de Sully, plus fertile en expédiens & plus adroit, il développa avec une grande habileté les reffources inconnues de la France ; & s'il avoit auffi-bien employé toutes celles qui lui font naturelles, il auroit eu la gloire de fixer feul par fon adminiftration prefque tous les principes économiques, dont l'ufage peut conferver à cet Empire une profpérité fupérieure à tous les évenemens humains.

# POUR rendre compte au Roi de l'état de ses Finances.

## *Fermes des Gabelles.*

La Ferme des Gabelles, appellées de France pour la distinguer des autres Fermes des Gabelles du Lyonnois, Bresse, Dauphiné, Provence & Languedoc, s'étend dans les Généralités de Paris, Amiens, Soissons, Châlons, Orléans, Tours, Bourges, Moulins, Rouen, Caen & Alençon, Dijon.

Elle est composée de deux cent & un Greniers, & trente-une Chambres à Sel.

En 1661, quatre-vingt-quinze de ces Greniers & onze Chambres étoient d'impôt, & cent six Greniers & vingt Chambres, de ventes volontaires.

En 1663, le Roi remit au Peuple un écu par chaque minot.

En 1667, le Roi ôta l'impôt en vingt-deux Greniers.

En 1668, le prix du minot a été diminué considérablement, & réduit en six classes, pour ôter toutes les diversités des prix qui se trouvoient en chacun Grenier par la différence des frais de voitures; & par le même Edit, Sa Majefté ôta encore l'impôt en trente-fix Greniers ou Chambres.

En 1674, par Déclaration du 30 Août, le Roi augmenta le minot de fel de trente fols fur toutes les Fermes de fes Gabelles.

En 1678, Elle remit au Peuple les mêmes trente fols.

Les Ordonnances fur le fait des Gabelles ont remédié à un très-grand nombre d'abus, abrégé les procédures, diminué prefqu'entierement les procès, tant en premiere inftance que d'appel.

### Ferme des cinq groffes Fermes.

Tous ces droits réduits en un feul par le Tarif de 1664.

Les droits d'entrées & forties réduits confidérablement, particulierement les forties de toutes les denrées & manufactures du Royaume.

Tout ce qui fert aux manufactures diminué aux entrées.

Les manufactures étrangeres chargées par le Tarif de 1667.

En ce qui concerne le foulagement des Peuples, l'on doit faire mention en cet endroit des établiſſemens nouveaux de Commerce & de Manufactures dans le Royaume.

L'exclufion du Commerce des Ifles donnée aux Hollandois, leur ôte tous les ans pour quatre millions en fucres qu'ils envoyoient dans le Royaume.

Les ferges, bas & draps leur ôtent encore autant pour le moins.

Toutes les Manufactures propres au fervice de la Marine. *Idem.*

Les points de Gênes & Venife font ruinés dans ces Villes, & leur ôtent trois millions fix cent mille livres.

Les glaces *Idem*, un million.

Tous ces établiſſemens ont donné à vivre à une infinité de Peuples, & ont confervé l'argent dans le Royaume.

La preuve démonftrative de tous ces avantages, fe tire de la différence du Change.

Dans les Fermes d'entrée & de for-tie, il refte beaucoup de chofes à faire.

*Convoi & Comptablie de Bordeaux.*

Les Fermiers ont été les maîtres d'é-tablir tel nombre de bureaux que bon leur a femblé ; ce qui eft d'une grande charge aux Sujets du Roi.

Il faut réduire ces bureaux à ceux qui feuls font néceffaires.

Les droits de ces Fermes fe levent fur la valeur des marchandifes.

Les Commis font en quelque façon les maîtres de cette valeur, enforte qu'ils peuvent facilement tromper leurs maîtres, & être fort à charge aux Marchands.

Il faut faire un Tarif : on y travaille.

La Traite d'Arzac. *Idem.*

La Patente de Languedoc. *Idem.*

La douane de Lyon ; il y a un Tarif qu'il faut examiner avec foin.

La douane de Valence eft la Ferme qui eft la plus à charge au Commerce, par le grand nombre de bureaux de recette & de conferve.

Ce n'étoit autrefois qu'un péage fur le Rhône au paffage de Valence ; à préfent elle s'étend & fe leve fur toutes les marchandifes qui paffent ou qui fe confomment, fortent ou entrent des Provinces de Languedoc, Vivarais, Gevaudan, Provence, Dauphiné, Lyonnois, Foreft, Beaujolois, Breffe & Bugey.

Cette Ferme defire un travail particulier.

Si le tarif de 1667 étoit établi, il

produiroit un très-grand bien aux Sujets du Roi.

L'on peut encore ajouter en cet endroit que, si Sa Majesté vouloit faire quelque depense pour le rétablissement & augmentation de différens Commerces, elle augmenteroit considérablement l'argent au-dedans de son Royaume, & diminueroit notablement la puissance en argent des deux Etats d'Angleterre & de Hollande, qui sont les deux seules qui peuvent balancer en quelque sorte celle de Sa Majesté.

Ces différens Commerces sont,

Celui du Levant, dont les Hollandois tirent plus de dix millions tous les ans, & les Anglois six millions.

Ce Commerce peut être presqu'entierement ruiné pour ces deux Nations, & rendu propre aux François par la puissance maritime de Sa Majesté, par la grande considération que les Turcs auront pour ses Sujets, & par la commodité de ses Ports dans la Méditerranée.

Le Commerce d'Afrique vaut cinq à six millions aux Hollandois.

Il peut être diminué beaucoup en appuyant & aidant la Compagnie de Sénégal.

Celui des Indes Orientales eſt égal
à celui du Levant; l'on en peut attirer
une partie dans le Royaume, en pro-
tégeant & aidant la Compagnie.

Celui du Nord eſt plus difficile, & ne
peut être ruiné que par un long tems,
une application continuelle & divers
moyens qui peuvent être mis en pratique ſelon les occaſions.

### *Fermes des Aides & Octrois.*

Voir la prodigieuſe diverſité des
droits.

La réduction qui en a été faite en
un ſeul.

La Juriſprudence établie.

Le peu de procès à la Cour des Aides & au Conſeil.

### *Ferme du Papier.*

Les droits ſur le papier diminués pour
la ſortie.

Les Fermes des Gabelles de Languedoc & Rouſſillon ſont demeurées au même état qu'elles étoient, d'autant qu'elles ſont plus éloignées & que l'on n'en
entend point de plaintes.

## *Ferme des Domaines.*

Cette Ferme paroît plus à charge aux Sujets du Roi presque qu'aucune autre, par deux raisons ; l'une qu'elle consiste en droits domaniaux, qui sont peu considérables, & qui sont dûs par tous ceux qui doivent des droits ou des censives aux Domaines de la Couronne.

Et l'autre, que la confection du Papier terrier comprend une infinité de Peuples ; & que quelque application que l'on y ait, il est presqu'impossible qu'il ne s'y passe de la vexation sur les Peuples.

Il faut redoubler d'application pour avancer le Papier terrier ; & à l'égard des droits domaniaux, les Commissaires départis & les Juges ordinaires sont établis pour regler tous les différends & les difficultés qui arrivent.

Le reste des Revenus du Roi sont,

Les Revenus casuels.

Les ventes des bois.

Les dons gratuits.

Le tiers sur-taux, & quarantiéme de Lyon.

La Ferme des Postes.

Les impofitions des Pays conquis,
fur lefquels il n'y a rien à faire.

## Obfervations générales fur les Finances.

La forme de donner les Fermes au
plus offrant & dernier enchériffeur, en
éloignant tous monopoles, trafics, penfions, gratifications, accommodemens
& autres abus dont le retranchement
eft défendu par les divers Reglemens
faits depuis 1661 jufqu'à préfent, a produit en partie les augmentations prodigieufes qui fe font trouvées fur les Fermes. Elle a auffi des inconvéniens affez
confidérables, en ce que les Sous-Fermiers ont porté leurs Sous-fermes beaucoup au-delà de leur jufte valeur, ce
qui donne lieu à deux defordres confidérables ; l'un, que tous les Sous-Fermiers demandent toujours des diminutions ; & l'autre, qu'ils vexent beaucoup les Peuples pour s'indemnifer de
l'excès de leurs Fermes.

Le remede de remettre ces adjudications des Fermes ainfi qu'elles fe faifoient ci-devant, c'eft-à-dire, en choi-
fiffant les Compagnies, leur donnant
à vil prix, & les Sous-fermes de mê-

me, pourroit peut-être bien produire le foulagement des Peuples ; mais ce remede feroit affurément pire que le mal, enforte qu'il feroit dangereux de changer de conduite. Il faut donc, fi le Roi veut donner du foulagement à fes Peuples fur les droits de fes Fermes ; les diminuer & punir féverement ces Sous-Fermiers qui demandent des diminutions.

### Tailles.

De tous les revenus du Roi, celui des Tailles eft le plus univerfel, parce qu'il fe leve fur tous les fujets du Roi habitans des Provinces taillables ; c'eft à fçavoir les Généralités de

Paris, Amiens, Soiffons, Châlons, Orléans, Tours, Poitiers, Limoges, Bordeaux, Montauban, Auvergne, Berry, Bourbonnois, Lyon, Dauphiné, Rouen, Caen & Alençon.

Et comme c'eft la matiere fur laquelle il fe peut commettre plus d'abus, c'eft auffi celle à laquelle l'on a donné & l'on donne toujours plus d'application.

Obferver que ces Tailles étoient en 1657 à cinquante-trois millions quatre cent mille livres ; que depuis 1662 jufqu'en 1679, elles ont été toujours depuis trente-trois jufqu'à quarante-un millions; qu'elles font à préfent à trente-cinq millions.

Depuis 1610 jufqu'en 1633, elles n'ont été que depuis douze jufqu'à dix-huit & vingt millions : mais les droits aliénés montoient depuis dix jufqu'à dix-huit millions ; ce qui donna fujet à la converfion de ces droits en rentes.

Quant à la diminution des Tailles, c'eft une matiere qui dépend de la réfolution de Sa Majefté, du réglement de fa dépenfe, & à laquelle l'application de ceux auxquels Sa Majefté veut bien donner la conduite, régie & adminiftration de fes Finances, ne peut rien.

Pour ce qui eft de cette régie, voir les lettres circulaires écrites tous les ans depuis 1667 jufqu'à préfent, l'exécution de ces lettres, les divers Réglemens & Arrêts donnés fur cette matiere.

L'on travaille depuis plus de dix ans à recueillir tous les Edits, Déclarations & différens Arrêts donnés fur cette matiere, qui ont rendu cette Jurifprudence auffi incertaine que les autres l'étoient, pour en compofer un corps d'Ordonnances fixe & certain ; & ce travail

travail pourra être achevé peut-être dans un an ou plûtôt fi faire fe peut.

Outre tout ce qui s'eft fait pour bien régler la régie & adminiftration des Fermes après le Réglement des Tailles, il eft certain que l'établiffement des Commerces & Manufactures ont beaucoup contribué au foulagement des Peuples.

La défenfe de la faifie des beftiaux.

La liquidation & payement des dettes des Communautés.

Les taxes d'Offices, la fortie des prifons, & une infinité d'autres moyens mis en pratique fuivant les diverfes occafions.

Toutes ces chofes ont contribué à leur foulagement.

Mais nonobftant tout ce qui a été fait, il faut toujours avouer que les Peuples font fort chargés, & que depuis le commencement de la Monarchie ils n'ont jamais porté la moitié des impofitions qu'ils portent ; c'eft-à-dire que les revenus de l'Etat n'ont jamais été à quarante millions, & qu'ils montent à préfent à quatre-vingt & plus.

Et ces quatre-vingt millions font dépenfes effectives fans remifes ni intérêts.

Il n'y a plus d'affaires extraordinaires à faire, parce qu'elles aboutissent toutes à une nouvelle imposition sur les Peuples, ou à l'aliénation des revenus du Roi au denier huit, dix & douze; & le crédit de S. M. est à présent au denier vingt.

Si Sa Majesté se resolvoit de diminuer ses dépenses, & qu'elle demandât sur quoi elle pourroit accorder du soulagement à ses Peuples;

Mon sentiment seroit,

De diminuer les Tailles & les mettre en trois ou quatre années à vingt-cinq millions.

De diminuer d'un écu le minot de fel.

Les cinq grosses Fermes font en un état fixe.

Rétablir, s'il étoit possible, le tarif de 1667.

Diminuer les droits d'Aides, & les rendre par-tout égaux & uniformes en révoquant tous les Priviléges.

Abolir la Ferme du tabac & celle du papier timbré, qui font préjudiciables au Commerce du Royaume.

Achever les Ordonnances générales pour toutes les Fermes & pour les Tailles.

Composer des Compagnies de Fi-

nances au lieu des Elections, Greniers
à fel & Juges des traites.

Leur donner un pouvoir égal aux
premiers pour juger en dernier reffort.

Arrondir les refforts des Elections &
Greniers à fel.

Diminuer le nombre des Officiers,
tout autant qu'il fera poffible, parce
qu'ils font à charge aux Finances, aux
Peuples, & à l'Etat.

Les réduire tous infenfiblement par
fuppreffion & par rembourfement au
nombre qu'ils étoient en 1600.

Le bien & l'avantage qui en reviendroit au Peuple & à l'Etat feroit difficile à exprimer.

Il y auroit encore d'autres propofitions tendantes à même fin, qui pourroient être exécutées fi celles-ci étoient
agréables à Sa Majefté.

# QUATRIEME EPOQUE.

## ANNÉE 1683. *Octobre.*

SI la viciſſitude des évenemens qui
ſe reproduiſent par les mêmes cauſes
peut fournir quelque inſtruction aux
hommes , l'hiſtoire des tems, que nous
allons parcourir, doit être intéreſſante
pour les Lecteurs. Les Finances deux fois
rétablies par une combinaiſon de principes marqués ſur les ſources & ſur la nature des impôts, par l'ordre & l'économie de la diſtribution , ſe vont précipiter pour la ſeconde fois dans une con-
fuſion encore plus grande par l'oubli des
mêmes principes & de la même méthode. Quel parallele peut conduire plus
ſûrement à ſentir dans toute ſon étendue l'abſurdité de cette maxime , que
l'Etat roule depuis treize ſiecles ſur le
même plan, que l'uniformité de routine
ſuffit ſeule pour veiller ſur le mouvement d'une machine ſi bien ordonnée ?
Ceux qui débitent de ſemblables opinions, n'ont heureuſement l'oreille ni
des Rois ni des Miniſtres : car au lieu
d'être ſimplement ridicules, ils devien-

droient des pestes publiques. Quoique
cette espece d'hommes reste dans l'obfcurité & le mépris qu'elle mérite, il n'est
pas moins essentiel pour la société en général de sentir le prix d'une bonne adminiftration ; de concevoir par quelle pro-
fondeur, quelle affiduité de vûes, par
combien de travaux & de combinaifons
on parvient à affûrer son bonheur. La reconnoiffance éclairée est seule digne de
ceux qui gouvernent les autres ; & les
hommes gouvernés regleroient trop fouvent leur refpect & leur amour fur des
motifs particuliers, s'ils ne connoiffoient
bien clairement l'intérêt de la République.

On ne s'étendra point autant en réflexions en parcourant cette époque,
qu'à l'égard de celles qui ont précedé,
parce que l'uniformité de conduite dans
celle-ci rappelleroit souvent les mêmes
raifonnemens, au lieu que dans les trois
premieres tout portoit le caractere de
l'inftruction. Ici un détail exact des reffources extraordinaires formera le fonds
principal de la narration, & y répan-
dra d'autant plus de féchereffe, que les
vices de la plupart de ces moyens ont
été démontrés plus d'une fois dans tout
ce qui a précedé ; foit par leurs funeftes

effets, lorfqu'ils fe font produits, foit par le fuccès des grands Miniftres qui fe font attachés à les bannir de l'adminiftration.

Si l'application, l'intégrité, l'efprit de confervation de l'ordre établi, des vues même euffent fuffi pour réparer la perte que la France venoit de faire par la mort du grand Colbert; il eft conftant que M. le Pelletier eût rempli le vœu public.

Son étude principale parut d'abord confifter à ne rien innover, & à fuivre, autant qu'il le pourroit, la méthode de fon illuftre prédéceffeur : mais les principes, comme une arme, ne font pas toujours le même effet dans les mains différentes qui les manient. Ils donnent de la jufteffe à l'efprit, ils l'étendent ; mais il n'appartient qu'au génie d'y puifer les expédiens convenables ; fans lui les opérations portent ordinairement le caractere de la timidité, de la lenteur, & de l'incertitude ; & le Miniftre finit toujours par être emporté hors de fes mefures par le tourbillon des affaires.

## Année 1684.

La guerre avec l'Efpagne, la dépenfe des bombardemens d'Alger & de Génes dérangerent le sage plan que s'étoit formé le Ministre. Pour comble d'embarras, la disette de 1684 força le Gouvernement de tirer des bleds étrangers. A cette augmentation de dépense imprévûe il fallut ajouter le retard des recettes. Les circonstances étoient fâcheuses pour un début, il faut en convenir : le Ministre employa le fatal expédient des rentes, malgré l'exemple récent des efforts qu'on avoit faits pour les réduire. Le dernier million des cinq créés en 1682, n'avoit pû être placé qu'au denier dix-huit : soit qu'il parût douteux que le crédit maintînt un emprunt au même denier, soit dans la crainte de montrer le besoin, on proposa aux acquéreurs des quatre millions placés au denier vingt, de les convertir au denier dix-huit. Cet exemple dangereux, par lequel le Roi faisoit volontairement remonter les intérêts, à la premiere occasion de dépense extraordinaire, eut pour prétexte l'égalité du traitement entre les sujets. Les grands hommes n'ont pas craint de dévoiler au Peuple les motifs de leur conduite ; telle avoit été jusques alors la maxime des Sullys, des Colberts. Quelques-uns de leurs successeurs s'imaginerent que c'é-

toit un engagement contracté pour eux ;
& souvent ils exposerent indécemment
la parole du Prince, à la défiance ou
même à la contradiction des Sujets :
ainsi ce qui avoit servi à établir la confiance & le crédit, le ruina dès qu'il ne
fut plus que l'instrument de la ruse.

À mesure que les porteurs de Contrats se présenterent avec un supplément
de seize mille livres par chaque vingt
mille livres placées au denier vingt, on
les fit jouir de deux mille livres de rente, au lieu de mille que produisoit leur
premier placement. Il en fut ainsi créé
pour trois millions deux cent mille livres dans cette année, au capital de
cinquante-sept millions six cent mille
livres, dont l'Etat se trouva chargé de
plus qu'en 1683. Il est vrai qu'au moyen
de cet emprunt la caisse des amortisse-
mens fut éteinte, & les avances sur
les revenus acquittées. Cette maniere
d'introduire l'ordre étoit extrêmement
ruineuse, puisque la dette devenoit
perpétuelle, & qu'on n'assignoit point
de fonds pour la liquidation annuelle.

Dès le mois d'Octobre de l'année
précédente, M. le Pelletier avoit eu
recours à une augmentation de gages
à tous les Officiers & particuliers de
cinq

cinq cent mille livres de rente au denier dix-huit, & au capital de neuf millions.

Dans cette année 1684, il en fit encore une aux Officiers des Cours supérieures, également de cinq cent mille livres de rente au denier dix-huit.

Le Ministre ne laissa pas d'avoir recours à une augmentation sur les Tailles d'environ trois millions ; car on a vû qu'en 1683, M. Colbert dit lui-même qu'elles étoient environ de trente-cinq millions ; & cette année elles montèrent à près de trente-huit, sans compter les étapes de trois millions neuf cent quatre-vingt-dix-huit mille six cent soixante-trois livres.

La disette cependant, jointe à l'accroissement de l'impôt, avoit tellement appesanti la misere des campagnes, qu'il fallut leur annoncer une diminution de Tailles de trois millions quatre cent quarante-quatre mille sept cent dix-sept livres sur l'année 1685. Ce sacrifice ne pouvoit être que passager, puisque les charges augmentoient d'une somme à peu près égale ; & s'il étoit durable, il se trouvoit nécessairement dans les années suivantes un vuide de huit millions six cent quarante-quatre mille sept cent dix-sept livres, qui ne pouvoit être rempli que par un retranchement des dépenses les moins urgentes. Dans tous les cas enfin ce retranchement devoit être au moins de quatre millions trois cent mille livres ; & si les dépenses étoient forcées, il falloit hausser les impôts de la même somme. Lorsqu'une fois ils font à leur portée, l'augmentation devient surcharge, & la surcharge anéantit l'impôt. On ne sort point de ce cercle sans une habileté peu commune, & qui n'est pratiquable qu'autant qu'il se présente quelque réforme à entreprendre dans la perception, ou quelque nouvelle source d'abondance à creuser : tant il est vrai que la conservation des Finances d'un Etat dépend, comme on l'a déja observé plusieurs fois, de ce principe, de ne jamais percevoir des Peuples pendant la paix tout ce qu'ils peuvent payer, à moins qu'il ne s'agisse d'un bien plus essentiel pour eux, qui est la libération des revenus publics.

Cependant toutes choses ont des bornes, quoiqu'il soit vrai de dire que le génie n'en a point : mais des circonstances particulieres peuvent rendre souvent ses efforts inutiles. Si jamais on étoit excusable de cacher la vérité aux Rois,

en pourroit dire en faveur de M. le
Pelletier, que fon Prédéceffeur trouvoit, dans fes grands fervices & dans
la longue habitude de les rendre, une
efpece d'autorité propre à foutenir fon
courage & fa franchife. La réponfe
qu'avoit faite Louis XIV, au fujet de
ce nouveau Miniftre, devoit lui donner de la confiance. M. Le Tellier le
trouvoit peu propre aux Finances,
parce qu'il n'étoit pas affez dur ; & le
Roi fe décida en fa faveur fur ce re-
proche même, en difant qu'il n'enten-
doit pas que fes Sujets fuffent traités
durement. Maxime digne de fon fens
admirable, & qui devoit faire honte
à celui du Courtifan. C'eft encore dans
le même efprit que ce Prince avoit dé-
cidé précédemment, contre fes propres
intérêts, dans une queftion de Domaine qui partageoit fon Confeil, parce
que la recherche propofée devoit troubler le repos de beaucoup de familles.
Quoique ces traits foient communs dans
notre Hiftoire, ils font toujours auffi
dignes de remarque que chers à la
Nation.

Le Miniftre trouva une reffource
dans le renouvellement du droit d'annuel en cette année, qui fut continué

pour neuf ans en payant le prêt ordinaire. Il s'écarta encore du plan de son
Prédécesseur, en accordant l'annuel à
tous les Offices sans exception ; & il
s'interdisoit ainsi la faculté d'éteindre
successivement les plus inutiles, à mesure qu'ils tomberoient aux Parties casuelles.

Tandis que les charges s'accumu-
loient, il étoit au moins prudent de ne
pas souffrir la diminution, soit des
biens, soit des personnes contribuables.
Il fut défendu aux Religieux Mendians
de commencer aucuns bâtimens excédant la valeur de quinze mille livres
sans Lettres-Patentes, & au-dessus de
trois mille livres sans permission du Parlement, qui ne devoit point l'accorder
sans grande connoissance de cause.

Par les mêmes raisons, la conservation du Commerce devenoit chaque
jour plus intéressante dans l'Etat : les
secours réitérés que la Compagnie des
Indes Orientales avoit reçus du Gouvernement n'avoient pû compenser ses
pertes ; soit mauvaise conduite, soit
malheur, s'il est du malheur en fait
de choses de calcul, elle se trouvoit
arriérée de sommes très-considérables :
on assembla les syndics des Intéressés,

& il fut résolu de demander de nouveaux fonds aux Actionnaires. Un grand nombre d'entr'eux n'y vouloit point consentir ; mais Sa Majesté déclara déchus de leur intérêt ceux qui ne répondroient pas au nouvel appel ; & permis à d'autres de prendre leur place en leur rembourfant le quart de leur mife , à condition de fournir comptant un autre quart à la caisse de la Compagnie. En 1687 , les fonds de Commerce fe trouverent de deux millions cent mille livres , & les premieres opérations parurent heureufes : ce faux éclat ne dura que jufqu'en 1701.

La Compagnie du Levant n'avoit pas mieux réuffi, quoique le Commerce des particuliers fût très-brillant ; l'inutilité des graces & des préférences qu'elle recevoit, apprirent enfin qu'en fait de Commerce la liberté & la concurrence font plus fortes que la protection même ; fes priviléges furent révoqués.

Il fut arrêté cette année entre les Négocians de Lyon, & les Fermiers de la douane, une convention bien injurieufe au Miniftere, & d'une conféquence dangereufe. Les difcuffions fréquentes qui s'élevoient entr'eux au fujet du droit fur les petites étoffes d'A·

miens, Rheims, Abbeville, le Mans,
&c. les engagerent à régler d'un commun accord le droit à cinq livres dix
fols par quintal, quoique le droit du
tarif ne fût pas fi fort : on vouloit acheter la paix. Le Traducteur de l'excellent
Ouvrage de Jofias Child paroît fouhaiter avec raifon l'établiffement d'un Infpecteur général des douanes, comme
en Angleterre : mais il faudroit que ce
fût un pofte entre le Douanier & le
Négociant. Combien n'eût-il pas épar-
gné au Commerce de troubles & d'ob-
ftacles, dont la connoiffance a été dé-
robée au Miniftere, & dont les détails
longs & pénibles ne lui permettent même pas toujours de fe former une idée
affez exacte !

Toute difcuffion fut levée fur la fortie des foyeries deftinées pour Marfeille
& l'Italie, car les droits en furent fupprimés. Les motifs d'une fi bonne opération ne s'étendoient-ils pas également
fur les autres Manufactures ?

Les Raffineries de fucres reçurent
une faveur dont elles profiterent mal,
puifque les fucres bruts ne s'en vendi-
rent pas plus avantageufement pour les
Colonies, & que nous n'envoyâmes
pas davantage de fucres rafinés aux

Etrangers. Le Gouvernement accorda neuf livres par quintal à la fortie, pour tenir lieu de la reftitution des droits d'entrée : cette fomme à la vérité n'étoit pas fuffifante, fi l'on avoit deffein d'accorder une reftitution entiere : car deux quintaux & demi de fucre brut qui rendent un quintal de fucre blanc, avoient payé dix livres en paffant à Ingrande pour remonter à Orléans, fans compter les péages en allant & en revenant fur la Loire.

Suivant la récapitulation des revenus de cette année, le total montoit à cent trente-cinq millions fix cent vingt-deux mille huit cent trente-une livres; les charges à vingt-neuf millions trois cent foixante-douze mille quatre cent quatre-vingt-dix-neuf livres; les parties du Tréfor Royal furent de cent fix millions deux cent cinquante mille quatre cent trente-deux livres. Dans la fomme de cent trente-cinq millions, &c. ci-deffus, il faut obferver une augmentation fur les Parties cafuelles de plus de douze millions, à raifon des attributions de gages à divers Offices; ainfi les revenus courant n'étoient que de cent vingt-trois millions fix cent vingt-deux mille huit cent trente-une livres, c'eſt-à-dire, environ neuf millions de plus qu'en 1683.

La dépenſe monta à cent cinquante-quatre millions ſix cent quarante-ſept mille cent neuf livres, y compris ſoixante millions quatre cent vingt-un mille neuf cent quatre-vingt-onze livres pour rembourſement & intérêts d'avance.

## RÉCAPITULATION des Revenus de 1684.

| | Revenus. | Charges & Diminutions. |
|---|---|---|
| Fermes générales . . . . . . | 63502000 liv. | 15707759 liv. |
| Autres Fermes . . . . . . | 2150000 | 70000 |
| Recettes générales des Pays d'Elections . . | 37698011 | 10387318 |
| *Idem.* Des Pays d'Etats . . | 4343903 | 2432375 |
| Dons gratuits des Pays d'Etats . . | 7089003 | 309325 |
| Bois . . . . . . . | 1513709 | 465622 |
| Revenus casuels . . . . | 15267542 | |
| Etapes & secondes Parties . . . | 3998663 | |
| Total . . . . | 135622831 liv. | 29372390 liv. |

Net . . . 106250432 liv.

## ANNÉE 1685.

L'année fuivante commença par une opération dont l'effet fut heureux, puifqu'elle fut continuée pendant plufieurs années de fix mois en fix mois : on s'apperçut enfin que les droits fur les vins & eaux-de-vie de l'Orléanois, Bléfois, Touraine, Anjou & Maine, en defcendant la Loire, arrêtoient leur confommation. Ils furent réduits fur les vins à cinq livres fix fols huit deniers par pipe pour droit de fortie, & à trente fols pour droits de fubvention, au lieu de huit liv. & quarante-cinq fols prefcrits par le Tarif de 1664 ; fur les eaux-de-vie, les droits furent réglés à huit livres & cinquante fols fept deniers, au lieu de douze livres & quatre livres, à raifon des mêmes parties. Quoique ce fût encore trop, relativement à la qualité, il eft vrai-femblable que, fi les dépouillemens des Regiftres euffent été faits exactement, la recette fe feroit trouvée plus forte depuis la diminution. A confidérer les befoins de l'Etat & l'efprit de l'adminiftration, il eft à croire que cela fe paffa ainfi. D'après un pareil relevé, on auroit pû cal-

culer la perte du Royaume dans cette
partie depuis 1664 jusqu'alors.

Vers le milieu de l'année précédente,
il avoit aussi été rendu un Edit fort sage au sujet du droit de gros sur le vin.
Sa perception occasionnoit un nombre
infini de procès entre les Fermiers &
les redevables. La fraude d'un côté,
les vexations de l'autre, formoient des
griefs mutuels fondés sur l'article XII
du titre des Inventaires & recollemens
de vin de l'Ordonnance de l'an 1680.
Il fut arrêté qu'au lieu des déductions
portées par l'Ordonnance, ceux qui
recueilleroient seulement trois muids
de vin ne seroient point sujets au droit
de gros ; ceux qui recueilleroient six
muids ne seroient tenus qu'aux droits
de gros sur la moitié ; depuis six jusqu'à douze muids, le droit devoit se
percevoir sur les deux tiers de l'excédent des trois muids ; depuis douze jusqu'à vingt-quatre sur les trois quarts
de l'excédent des trois muids. Indépendamment de ces déductions, il
étoit accordé une franchise de deux
muids aux Laboureurs pour chaque
charrue qu'ils exploiteroient ; sans cependant que ces diverses déductions

puffent difpenfer de l'inventaire, même en ne recueillant que trois muids. Jufques-là l'intérêt du Fermier eft d'accord avec la tranquillité du cultivateur: la Loi paroît claire, précife; mais voici de quoi aider à en éluder l'efprit: ces déductions n'étoient accordées que dans le cas de non-vente: ainfi le malheureux colon n'étoit point à l'abri des recherches fufcitées par un impofteur de fes ennemis. Avoit-on peur de faire un léger préfent à l'Agriculture? Et ne valoit-il pas mieux retrancher même quelque chofe fur ces facilités, en les rendant abfolues, pour couper court aux chicanes & à la fraude? De toutes les manieres de lever un impôt fur le vin, la plus douce & la plus jufte affurément eft de le regler fur la valeur; mais s'il eft quelque modération à accorder, ce doit être lors de la premiere vente, parce que la terre faifant déja les fonds d'autres impofitions, il convient d'écarter d'elle les droits de confommation: autrement elle fera fujette, faute de concurrence parmi les acheteurs de fes denrées, à payer une partie du droit que le Roi n'entend impofer que fur le confommateur.

Les befoins n'étoient pas encore fa-
tisfaits fans doute ; puifque pour engager les Officiers qui n'avoient pas
payé le prêt à acquérir le droit d'annuel , on leur propofa d'acquérir pour
le double de la valeur du prêt en augmentations de gages au denier dix-huit.
Il en fut créé pour fix cent mille liv. de
rente au principal de dix millions huit
cent mille livres en faveur des Officiers
des Juftices Royales. Les droits attri-
bués aux Offices de Notaires & de Com-
miffaires aux faifies-réelles furent def-
unis du Domaine , & ces Offices mis
en hérédité. Le droit de contremarque
qui fut établi fur la vieille vaiffelle d'or
& d'argent , ne portant que fur le
luxe & les riches , étoit un de ces expédiens dont il eût été à fouhaiter que
le Miniftre eût été bien pourvû ; mais
toujours avec une reftriction en faveur
du Commerce étranger.

La fubvention annuelle du Clergé
de douze cent quatre-vingt-douze mille
neuf cent fix livres treize fols neuf deniers fut renouvellée pour dix ans : &
il accorda un don gratuit de trois millions payables en quatre termes de fix
mois en fix mois. Au moyen de ce nouveau fecours , il fut convenu qu'il ne

lui feroit demandé à l'avenir aucune
chofe en quelque occafion que ce pût
être, attendu fon extrême pauvreté &
les fommes exceffives qu'il avoit four-
nies par le paffé. Ses affaires fe rétabli-
rent depuis, car il paya de plus grandes
fommes qu'il n'avoit encore fait.

Si les faines maximes de M. Colbert
n'étoient pas toujours fuivies, on s'at-
tachoit aveuglément à celles qui mé-
ritoient au moins un examen. On a remarqué en 1679 que la Compagnie du
Sieur Oudiette n'ayant pas rempli fes
engagemens, fa conceffion avoit été
réunie à celle du Sénégal, à condition
de porter aux Ifles pendant huit années
deux mille efclaves. Malgré la gratification de treize livres par tête de Négre
qui y étoit jointe, la Compagnie trouvoit beaucoup plus utile de n'envoyer
pas le nombre porté par fon contrat ;
parce qu'avec moins de capitaux &
de dépenfes elle gagnoit d'autant plus
que la rareté étoit plus grande dans les
Ifles. La culture penfa fe ruiner fous ce
monopole, & le mal preffoit. On ré-
folut d'y remédier, mais fans corriger
le principe. Une nouvelle Compagnie
de Guinée fut formée avec un privilége exclufif de traiter depuis la riviere

de Serre-lionne jufqu'au Cap de Bonne-Efpérance. Aux anciens avantages accordés à ce Commerce, on ajouta celui de ne payer que la moitié des droits fur les retours de l'Amérique, à condition de porter aux Colonies mille Négres par an. Vaines précautions; on ne réforme point la nature des chofes, & c'eft faire bien peu de réflexion que de la confondre fans ceffe avec les accidens! Cette Compagnie remplit à la vérité fon Traité un peu moins mal que les autres; & cependant il paroît par des Mémoires affez fûrs qu'en 1698 il n'y avoit pas dix-huit mille Négres dans toutes nos Colonies : encore eft-il probable que le plus grand nombre avoit été introduit par les Interlopes. Qu'il foit permis de jetter un regard douloureux fur les effets de l'aveuglement, & de l'efpece de paffion de ceux qui gouvernoient pour ces pernicieux établiffemens. On ne calculera point la valeur de nos pertes fur les produits actuels du Commerce : mais fi la liberté eût été rendue, n'eft-il pas vrai-femblable que les mêmes Négocians qui en moins de deux ans avoient armé plus de cent vaiffeaux pour les Colonies, en euffent au moins envoyé quinze par an à la Côte d'Afrique? N'évaluons leur cargaison qu'à trois cent Nègres, & nous trouverons que les Colonies en eussent reçu par an quatre mille cinq cent. Dans les vingt-neuf années écoulées depuis 1669 jusqu'en 1698, elles eussent reçu cent trente mille cinq cent Nègres. Les dix-huit mille Nègres fabriquoient vingt-sept millions de livres de sucre, sans compter les autres denrées ; par conséquent, en 1698, déduisant vingt-deux mille Nègres pour les morts, les Colonies eussent produit cent soixante millions de liv. de sucre. Cette Navigation n'occupoit en 1698 que cinquante-quatre vaisseaux ; ainsi dans la même proportion elle en eût occupé trois cent vingt-quatre. On ne poussera pas ce calcul plus loin ; sa portée se conçoit au premier coup d'œil ; & l'on ne craint point de dire que la liberté du Commerce eût influé considérablement sur les grands évenemens qui se passerent en Europe à la fin de ce siecle, & au commencement de l'autre. Il faut convenir cependant que quand même des monopoles seroient propres à faire valoir quelque branche de Commerce, celui qu'on avoit établi en faveur des Raffineurs de France eût contre-balancé

tre-balancé leurs efforts. Comment faire
le Commerce de Négres, tandis que la
denrée principale, dont la culture devoit les occuper, reſtoit invendue ?

Quoique le Commerce des Colonies
& de l'Afrique ne fût point du dépar-
tement de M. le Pelletier, on a cru devoir préférer l'ordre naturel, & ne
point ſéparer les parties d'un tout in-
diviſible par ſon eſſence : il ſeroit impoſſible de ſe former une idée juſte de
la ſituation de l'Etat ou de ſes reſſour-
ces, ſi l'on perdoit de vûe l'une des
ſources de la Finance.

C'eſt par la même raiſon qu'on ne
peut paſſer ſous ſilence la fuite d'un
nombre infini de familles Proteſtantes,
qui porterent aux étrangers le plus clair
de nos richeſſes numéraires, & quelque choſe de plus précieux encore notre induſtrie.

Les revenus de cette année furent
de cent vingt-quatre millions deux
cent quatre-vingt-ſeize mille ſix cent
trente-cinq livres ; les charges & diminutions de trente-cinq millions deux
cent quatre-vingt-ſept mille deux cent
ſoixante livres. Les parties du Tréſor
Royal furent de quatre-vingt-neuf mil-

lions neuf mille trois cent foixante & quinze livres.

Les dépenfes monterent à cent millions fix cent quarante mille deux cent cinquante-fept livres, y compris pour rembourfement & intérêts d'avances quatre millions trois cent huit mille huit cent quatre-vingt-quatorze livres.

## RÉCAPITULATION des Revenus de 1685.

| | Revenus. | Charges & Diminutions. |
|---|---|---|
| Fermes générales . . . . . . . . | 6372300 liv. | 1503954 liv. |
| Autres Fermes . . . . . . . . | 2320250 | 86400 |
| Recettes générales des Pays d'Elections . . . . | 34508216 | 14479698 |
| *Idem.* Des Pays d'Etats . . . . | 4367612 | 2488888 |
| Dons gratuits desdits . . . . | 6759721 | 256951 |
| Bois . . . . . . . . | 1564808 | 471569 |
| Revenus casuels . . . . | 7493117 | |
| Etapes & secondes Parties . . . . | 3559911 | |
| Total . . . . . . . . | 124296635 liv. | 5287260 liv. |

Net . . . . . 89009375 liv.

C c ij

## ANNÉE 1686.

M. le Pelletier mérita un éloge que n'a point obtenu M. Colbert : le Commerce des productions de la terre reçut de lui des faveurs. Cette année les droits fur la fortie des vins defcendans par la Loire, furent modérés à trois livres dix fols par pipe : il fut permis généralement de vendre des grains à l'Etranger pendant un an : l'année fuivante, ces mêmes graces furent encore prorogées ; les campagnes refpirerent un peu. Ces opérations étoient habiles, foit que la néceffité où fe voyoit le Miniftre d'augmenter les impôts l'y eût conduit, foit que ce fût l'effet de la réflexion fur les caufes de la difette & de l'abondance des denrées. Le renchériffement des grains à l'occafion de la derniere difette, avoit animé la culture ; d'une pareille remarque, il n'y avoit pas loin à cette conféquence, que pour conferver l'abondance il falloit que les grains euffent toujours une valeur proportionnée aux frais de la culture, aux befoins, aux impôts du cultivateur. Par malheur on n'alla pas plus loin ; on ne chercha pas même les

moyens d'entretenir toujours cette valeur autour de ce point capital : la disette ne fut point prévûe ; la garde des
grains continua d'être l'objet de la haine du Peuple, dont elle a toujours été
le salut. Depuis, l'inégalité des saisons
trompa les espérances du Laboureur,
à qui il étoit défendu de faire de longues réserves ; le Commerce extérieur
rentra dans la gêne, parce qu'on n'avoit
pas sçu s'en assurer un dans l'intérieur.
Que penseroit-on d'un particulier qui
traiteroit de chimeres les profits & les
avantages du Commerce, parce qu'il
auroit perdu tout son bien par le nau-
frage d'un seul Vaisseau ?

M. le Pelletier retira des avantages
si marqués de la liberté du Commerce
des grains, qu'il songea à lui faciliter
les communications : il déchargea ceux
qui descendoient par le Rhône & la
Saone de la moitié des droits & des
péages. Ne valoit-il pas mieux en effet
que la Provence fût nourrie par les
François que par les Barbaresques ;
échanger avec des piastres d'Espagne,
les bleds des Provinces qui communi-
quent à la Saone & au Rhône, que d'y
entretenir le pain à vil prix ?

Les tailles furent aussi diminuées d'en-

viron deux millions, & mieux payées;
puisque les charges & diminutions, au
lieu de monter à quatorze millions, ne
furent que de neuf environ.

M. le Pelletier ne fut pas aussi heureux dans le Reglement qu'il fit pour
percevoir des droits à l'entrée des toiles de coton de l'étranger, & des fers-
blancs d'Allemagne passant par transit
& acquit à caution au-travers du Royaume. On avoit déja oublié sans doute
les soins infinis que M. Colbert s'étoit
donnés pour établir ces transits utiles
à notre navigation, à nos voituriers, à
la consommation de nos fourrages &
de nos denrées, enfin aux Commerçans
dont ils étendent les correspondances,
auxquels ils valent des commissions
de passage. C'est par de semblables
moyens, c'est en fournissant au Peuple
de nouvelles occasions de faire entrer
dans le Royaume l'argent des Etrangers, que l'on parvient sûrement à dé-
raciner l'oisiveté. Tel est cependant
l'effet de l'habitude d'une grande misere, que l'état de mendiant & de vaga-
bond attache les hommes qui ont eu la
lâcheté de l'embrasser : le châtiment
devient d'autant plus nécessaire à leur
égard, que leur exemple est contagieux :

il ne faut pas que dans une société poli-
cée des hommes pauvres & sans industrie se trouvent vétus, nourris & sains;
les autres s'imagineroient bien-tôt qu'il
est plus heureux de ne rien faire. C'est
dans cet esprit que la peine des Galeres
fut renouvellée cette année contre les
mendians & les vagabonds ; mais cet
emploi a des bornes : ne valoit-il pas
mieux joindre des maisons de travail à
chaque Hôpital ? La dépense est legere,
& son utilité seroit de la plus grande
étendue. Faut-il donc attendre que les
hommes soient criminels pour connoître de leurs actions ? Combien de for-
faits épargnés à la société, si les premiers déreglemens eussent été réprimés
par la crainte d'être renfermé pour travailler ? Nous n'avons de peine inter-
médiaire entre les amendes & les sup-
plices, que la prison. Cette derniere
est à charge au Prince & au Public,
comme au coupable : elle ne peut être
que très-courte si la nature de la faute
est civile : le genre d'hommes qui s'y
expose la méprise : elle sort promte-
ment de leur mémoire, & cette espece
d'impunité ou éternise l'habitude du
vice, ou l'enhardit au crime.

La création des rentes de 1684 commençoit à faire fentir fes effets ; les befoins firent aliéner pour quatre années la moitié des Domaines recélés, ufurpés, négligés, échangés ou commués. La méthode étoit bonne du-moins ; & ces aliénations à tems limité font les fecours les moins onéreux que l'Etat puiffe fe procurer. La vente des Domaines fujets à réparations fut auffi ordonnée ; & il ne peut y avoir que de l'économie pour le Prince dans ces fortes de contrats, fi les claufes en font exécutées fidelement de part & d'autre. Si elles étoient facilement refiliées avant le tems, la défiance publique réduiroit à vil prix ces acquifitions, & les Particuliers incertains de la propriété, ne fe mettroient jamais dans le cas d'améliorer : double perte pour l'Etat.

A la place des Receveurs généraux & particuliers, des Tréforiers & des Contrôleurs tant généraux que Provinciaux du Domaine, il fut créé un Receveur des bois & Domaines dans chaque Province, avec attribution de fix deniers pour livre du prix des ventes. On gagnoit fur le nombre des fujets
rendus

rendus au travail utile & sur les taxations.

Suivant la recapitulation, les revenus montoient à cent vingt-quatre millions neuf cent quatre-vingt-un mille cinq cent trente-une livres, les charges & diminutions à trente-un millions trois cent dix-neuf mille neuf cent cinquante-cinq livres : les parties du Tréfor Royal furent de quatre-vingt-treize millions six cent soixante-un mille cinq cent soixante & seize livres.

La dépense monta à quatre-vingt-douze millions cinq cent trente-un mille trois cent quatre-vingt-onze livres.

## RÉCAPITULATION des Revenus de 1686.

| | Revenus. | Charges & Diminutions. |
|---|---|---|
| Fermes générales. • • • • • | 63410000 liv. | 18246624 liv. |
| Autres Fermes. • • • • | 2387000 | 175125 |
| Recettes générales des Pays d'Elections. • • • • • • | 32578429 | 9673256 |
| *Idem.* Des Pays d'Etats • • • | 4537305 | 2470272 |
| Don gratuit defdits • • • • | 6609721 | 320398 |
| Don gratuit du Clergé • • • • • • • • • | 3000000 | |
| Bois • • • • • • | 11640255 | 436280 |
| Revenus Cafuels. • • • | 7262815 | |
| Etapes & fecondes parties • • • | 3550016 | |
| Total • • • • | 124981532 liv. | 31319055 liv. |

Net.... 93661576 liv.

*Fin du Tome troifieme.*

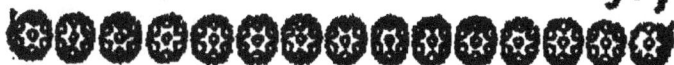

# TABLE
## *DES MATIERES*
### *Contenues dans le troisieme Volume.*

**A**

D d ij

s'il étoit possible, dans les recettes, 282. 283. l'inégalité des richesses diminue le produit des Finances, 295.
avantages des bons principes, 284. 285.

*Flandre*, M. Colbert se donne bien des soins pour faire
passer par la France les marchandises de la Flandre
Françoise & Espagnole, 43. faveurs accordées aux Négocians de la Flandre Françoise, 45.

*Forges*, vices dans les droits dont on les a chargées, 161.
difficultés qu'il y a pour les exiger; maniere d'y suppléer, 162. le privilége qui leur est accordé de pouvoir
obliger un particulier à laisser défoncer son champ pour
en tirer de la mine de fer, nuit à l'agriculture, 163.

*Franc-Fief*, traité à cet égard, 98. on augmente le forfait
des *Francs-Fiefs*, 109. 110.

G

*Gabelle*, Ordonnance des Gabelles, 165. observations
sur cette Ordonnance, 166. & *suiv.* remarques de M.
Colbert sur la Ferme des Gabelles, 171. voyez *Sel.*

*Gages*, on crée des augmentations de gages, 123. augmentation de gages créées au denier dix-huit, 288. on
en propose aux Officiers des Justices Royales qu'ils ac-
quierent, 301.

*Grains*, on permet d'en vendre à l'étranger pendant un
an, 308. on proroge cette permission, *ibid.* on décharge les grains descendans le Rhône & la Saône de la
moitié des droits & des péages, 309.

*Guerre* de 1672, dépenses qu'elle causa, 330. moyens
qu'on auroit pû employer pour y pourvoir, *ibid.* &
331.

H

*Hareng*, raison de la médiocrité de cette pêche sur les côtes de Normandie & de Picardie, 169.

*Hollandois*, ce qu'ils veulent faire pour engager la France à changer le tarif de 1667, p. 1. 2. commerce qu'ils
font des vins de France, 3. & *suiv.* ils veulent y mettre des impositions, 2. ils cherchent à s'en passer, 7.
attention de M. Colbert, 9. faute que l'on fit, *ibid.* ils
défendent l'entrée des vins, eaux-de-vie & manufactures de France, 92. mesures prises en France pour les
en faire repentir, 93. 94. on leur enleve le commerce
des Colonies Françoises en Amérique, 94. 95.

I

*Impositions*, sur qui doit-on les mettre en cas de besoin,

D d iiij

*Fin de la Table des Matieres du Tome troisieme.*

www.ingramcontent.com/pod-product-compliance
Lightning Source LLC
Chambersburg PA
CBHW050456270326
41927CB00009B/1777